와글와글 사이언스툰

지구와 우주

폴 메이슨 글 | 제스 브래들리 그림 | 이한음 옮김

지구와 우주의 요모조모를 알아봐요.

시공주니어

와글와글 사이언스툰 ❷ 지구와 우주

초판 1쇄 인쇄일 2023년 2월 10일
초판 1쇄 발행일 2023년 2월 25일

글 폴 메이슨 **그림** 제스 브래들리 **옮김** 이한음

발행인 윤호권 **사업총괄** 정유한
편집 이지혜(김이슬) **디자인** 정은경, 정은지 **마케팅** 서승아
발행처 ㈜시공사 **주소** 서울시 성동구 상원1길 22, 6-8층 (우편번호 04779)
대표전화 02-3486-6877 **팩스(주문)** 02-585-1247
홈페이지 www.sigongsa.com / www.sigongjunior.com

COMIC STRIP SCIENCE: EARTH AND SPACE
Text by Paul Mason
Illustrations by Jess Bradley
First published in Great Britain in 2022 by Wayland,
an imprint of Hachette Children's Group, part of Hodder & Stoughton Limited
Copyright © Hodder & Stoughton Limited, 2022
Korean edition copyright © Sigongsa Co., Ltd., 2023
This Korean edition published by arrangement with Hodder & Stoughton Limited, on behalf of its publishing imprint
Wayland, a division of Hachette Children's Group, through Shinwon Agency Co., Seoul.

이 책의 한국어판 저작권은 신원에이전시를 통해 저작권자와 독점 계약한 ㈜시공사에 있습니다.
저작권법에 의해 한국 내에서 보호를 받는 저작물이므로 무단 전재와 무단 복제를 금합니다.

ISBN 979-11-6925-598-1 74400
ISBN 979-11-6925-596-7 74400(세트)

*시공사는 시공간을 넘는 무한한 콘텐츠 세상을 만듭니다.
*시공사는 더 나은 내일을 함께 만들 여러분의 소중한 의견을 기다립니다.
*잘못 만들어진 책은 구입하신 곳에서 바꾸어 드립니다.

KC 마크는 이 제품이 공통안전기준에 적합하였음을 의미합니다.
제조국 : 대한민국 사용 연령 : 8세 이상
책장에 손이 베이지 않게, 모서리에 다치지 않게 주의하세요.

차례

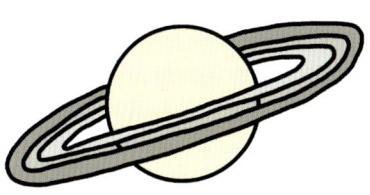

지구와 우주 4
달걀의 마지막 다이빙 중력 6
지구를 맴도는 중 인공위성 8

태양계

태양계의 중심 태양의 구조 10
태양 광선 부대 햇빛 12
지구가 알이라면? 지구의 구조 14
테이아의 비밀 달 16
해가 사라진다면? 일식 18
제멋대로 천문학자들 프톨레마이오스와 학자들 20
인물 탐구 갈릴레오 갈릴레이 22
공룡의 하루 지구의 자전 24
기울어진 지구 계절 26
태양계 이모저모 1 수성과 금성 28
태양계 이모저모 2 지구와 화성 30
태양계 이모저모 3 목성과 토성 32
태양계 이모저모 4 천왕성과 해왕성 34
행성의 조건 행성과 왜소행성 36

우주

우주는 어떻게 생겨났을까? 빅뱅 38
'스타'가 나타났다! 별 형성 과정 40
무시무시한 검은 구멍 블랙홀 형성 과정 42
외로운 가스구름 이야기 은하 형성 과정 44
우주의 포식자 은하와 중력 46
충돌 사건 지구 충돌의 역사 48

우주 탐사

1차 우주 경쟁 앞서 나간 소련 50
2차 우주 경쟁 미국의 달 착륙 52
우주는 너무 좁아 우주에서 생활하기 54
두 거미의 놀라운 모험 무중력 실험 56
음식물의 탈출 국제 우주 정거장(ISS) 58
무중력 상태에서 똥 싸기 우주의 화장실 60

낱말 풀이 62
찾아보기 64

지구와 우주

여러분, 그리고 여러분의 가족에게 여러분은 세상의 중심처럼 아주 중요한 사람이에요. 그런데 더욱더 넓게 보면, 다르게 보일 수도 있어요.

여러분이 어디에 있든 간에, 여러분은 자기 세계의 중심에 있어요.

봉주르 안녕 나마스테 니하오 올라

그런데 여러분은 지구에 살아요. 지구에는 여러분과 똑같이 자신이 세상의 중심이라고 느끼는 사람들이 아주 많지요.

지구는 태양 주위를 도는 8개의 행성 중 하나일 뿐이에요.

천왕성, 금성, 지구, 화성, 해왕성

우리는 돌고 또 돌지. 어디에서 멈출지는 아무도 몰라.*

* 실제로는 결코 멈추지 않아요.

우주의 힘

우주에서 가장 중요한 두 가지 힘은 중력(6쪽을 봐요)과 자기력이에요. 둘 다 눈에 안 보여요. 자기력은 몇몇 금속을 끌어당기는 힘이에요. 자기를 띤 물체끼리는 서로 끌어당기거나 밀어낼 수 있어요. 우리가 접하는 가장 큰 자석은 지구 자체예요. 지구의 자기력은 약 65,000km 떨어진 우주까지 뻗어 나가요.

지구 자기력

우주는 무엇으로 이루어졌을까?

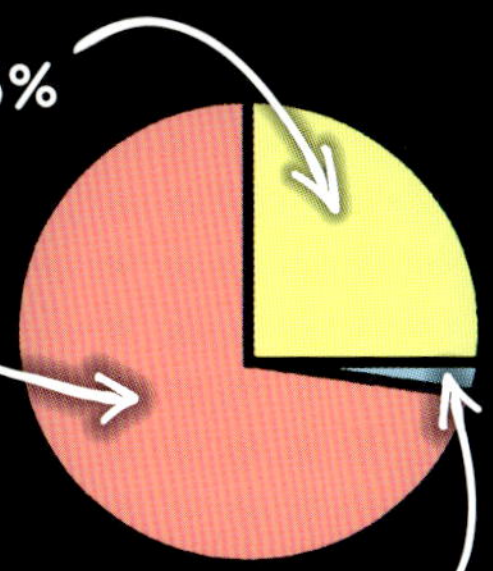

헬륨 25%
수소 74%
기타(탄소와 산소 등) 1%

처음 생겨났을 때(38-39쪽을 봐요), 우주는 주로 두 기체로 이루어진 상태였어요. 수소와 헬륨으로요.

(이 태양계 그림은 실제 거리를 무시하고 그린 거예요.)

토성

태양   수성

목성

태양은 은하수에 있는 수많은 별 중 하나일 뿐이에요.

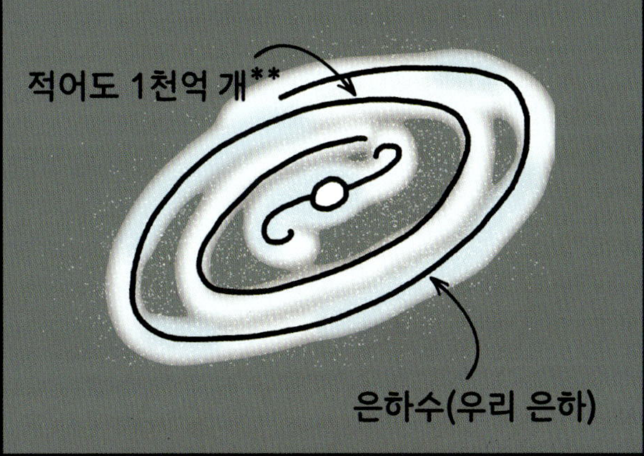

적어도 1천억 개**

은하수(우리 은하)

그리고 은하수는 우주에 있는 수많은 은하 중 하나일 뿐이에요.

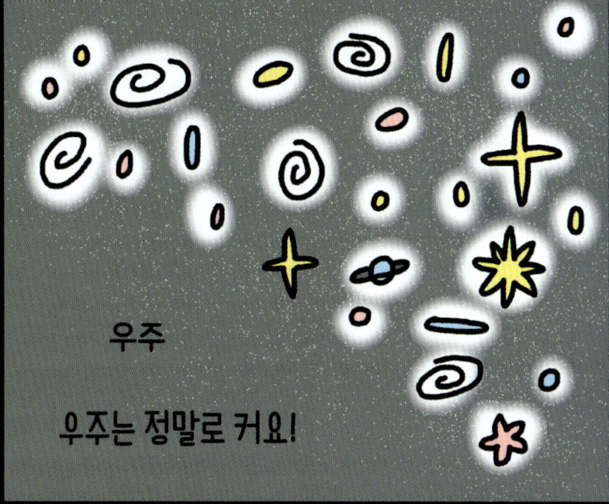

우주

우주는 정말로 커요!

** 11쪽의 우주에 별이 몇 개나 있는지 세어 봐요.

달걀의 마지막 다이빙
중력

이 책의 모든 것을 하나로 묶는 개념은 중력이에요.
달걀프라이를 만들려고 할 때 문제가 생기곤 하는 이유는 바로 이 중력 때문이지요.

달걀프라이를 만들려고,	잠시 한눈을 팔았더니 달걀이 구르기 시작하네요.	잘하고 있어. 다 잘될 거야.
달걀 3개를 준비했어요.	달걀프라이가 되고 싶지 않아! 여기를 떠날래.	그건 네 생각이지. 중력의 목소리*

* 중력은 사실 목소리를 못 내요.
사람이 아니라 보이지 않는 힘이니까요.

중력이란 무엇일까?

중력은 눈에 보이지 않는 끌어당기는 힘이에요. 모든 물체는 중력을 일으켜서 다른 물체를 끌어당겨요. 중력은 거리에 따라 달라져요. 멀리 떨어질수록 약해지지요.

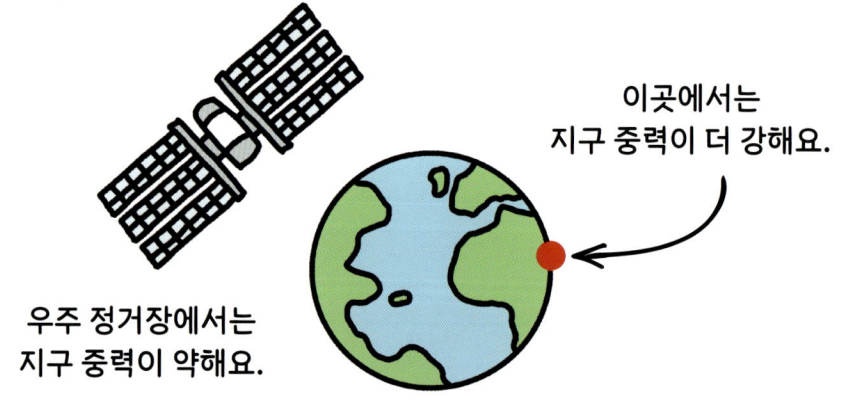

이곳에서는 지구 중력이 더 강해요.

우주 정거장에서는 지구 중력이 약해요.

중력과 질량

물체의 중력은 질량(들어 있는 물질의 양)의 영향을 받아요. 질량이 더 큰 물체는 중력이 더 세요. 우리 주위에서 가장 질량이 큰 물체는 바로 지구예요. 그래서 지구는 다른 물체들보다 우리를 더 강하게 끌어당겨요.

무게 20g 생쥐
= 아주 약한 중력

무게 12,400g 금덩어리
= 좀 덜 약한 중력

아이작 뉴턴

아이작 뉴턴(1642-1727)은 중력을 처음으로 설명한 과학자예요. 뉴턴의 연구는 우주 과학에 혁신을 일으켰어요. 뉴턴은 수학으로 중력이 어떻게 작동하는지, 행성과 혜성이 어떻게 움직이는지를 설명했어요. 우주를 더 멀리 내다볼 수 있는 망원경도 개발했고요.

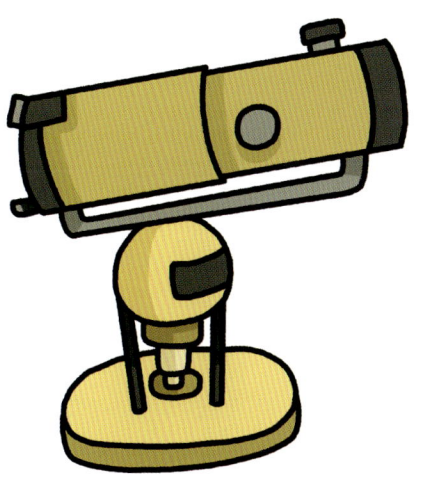

뉴턴의 반사 망원경

지구를 맴도는 중
인공위성

지금 지구 상공에는 수천 개의 인공위성이 있어요.
위성은 어떻게 끌어당기는 지구 중력의 영향을 받으면서도 상공에 떠 있을 수 있을까요?

관성

과학에서 관성은 물체가 움직이지 않거나 같은 방향, 같은 속도로 계속 움직이는 것을 말해요. 예를 들어, 탁자에서 떨어진 달걀(7쪽을 봐요)은 일정하게 계속 움직여요. 관성 때문에 무언가에 부딪혀서 멈추지 않는 한 달걀은 계속 아래로 떨어지겠지요. 또, 자고 있는 양은 움직이지 않아요. 관성은 무언가가 바뀌지 않는 한 양이 계속 움직이지 않을 것이라고 말해요.

우주 쓰레기

지구 상공에는 위성뿐 아니라 온갖 것들이 떠다녀요. 대부분은 우주 쓰레기예요. 오래된 위성 조각과 우주 로켓 부품 같은 것들이지요. 우주 쓰레기 중 약 50만 개는 조약돌보다 커요. 이동하는 속도가 시속 28,000km에 달하는 것도 있어요. 총알보다 약 10배 빠르지요.

우주 쓰레기

위성이 하는 일

위성은 다양한 일을 해요. 세 가지만 말해 볼게요.

- 통신: 전화, 라디오, 인터넷 신호를 전 세계로 보내요.
- 날씨 관측: 날씨를 관측해 정보를 보내요. 태풍 경보를 보내기도 하고요.
- 지도 작성: 지표면의 정보를 모아 지도로 만들어요. 또 GPS 장치로 위치도 알려 주지요.

태양계의 중심
태양의 구조

태양계의 한가운데에는 태양이 있어요. 우주에 있는 수많은 별 중 하나인 태양은 전형적인 평균 크기의 별이에요.

이글거리면서 아주 뜨거운 기체가 솟아나요.

중심의 열은 바깥으로 향해요. 표면에 다다르기까지 약 170,000년이 걸려요.

중심의 핵반응. 중심 온도는 15,000,000℃.

태양 바깥 대기의 온도는 1,100,000℃.

다른 별처럼, 태양도 아주 뜨거워요.

열

태양은 표면으로 빛, 자외선, 엑스선 에너지를 뿜어내요. 표면의 온도는 겨우 5,500℃밖에 안 돼요.

빛

핵융합

태양의 중심에서는 핵융합이라는 반응이 일어나요. 이때 엄청난 에너지가 나와요. 이 에너지는 태양 표면으로 올라와서 우주로 방출되지요.

별은 얼마나 많을까?

오스트레일리아 국립 대학교의 과학자들은 우주에 700해 개의 별이 있다고 계산했어요. 700해는 1백만을 세 번 곱한 다음 70,000을 더 곱한 값이에요. 우리 은하, 즉 은하수에는 그중 0.0000000000005%의 별이 있어요.

태양은 직접 보면 절대로 안 돼요. 선글라스를 끼어도 안 돼요. 눈 건강에 매우 안 좋거든요.

우주의 별은 너무 많아서 셀 수 없을 거라고 생각할 수 있지만…

"백만 이백팔십…"

그래도 세어 보겠다는 사람들이 있어요.

"차 마실 시간이야!"

"윽!"

하지만 아직 우주에 별이 몇 개나 있는지 확실히 아는 사람은 없지요.

"몇 개까지 셌는지 까먹었어. 다시!"

태양의 수수께끼

열에너지는 대개 밖으로, 즉 뜨거운 곳에서 차가운 곳으로 가요. 그런데 태양의 내부에서는 열에너지의 움직임이 조금 달라요. 가장 안쪽이 가장 뜨겁고 밖으로 향하며 점점 차가워지지만, 대기 가장자리에서 다시 뜨거워지거든요. 과학자들은 차가워진 열에너지가 다시 뜨거워지는 이유가 태양의 자기력과 관련이 있을 거라고 생각해요.

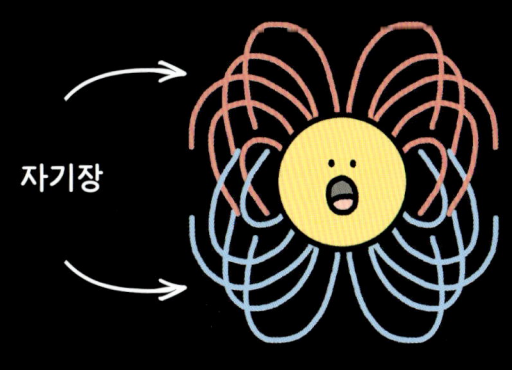

자기장

태양의 자기장은 '역동적'이에요. 끊임없이 움직이고 변하지요.

태양 광선 부대
햇빛

태양 광선 군인 10명으로 이루어진 부대가 있다고 상상해 봐요.
군인들은 태양에서 출발해서 지구에 도착하는 데 겨우 8분 정도밖에 안 걸리지요.
그다음에는 어떤 일이 일어날까요?

들어오는 에너지 vs 나가는 에너지

지구의 열은 자연적으로 균형을 이루어요. 열에너지는 태양에서 와 지구의 대기, 땅, 바다에 흡수되지요. 반면에 우주로 다시 나가는 열도 있어요. 양쪽 열에너지의 양이 같을 때, 지구의 기온은 변하지 않아요.

들어오는 에너지

100%

나가는 에너지

구름에서 반사/방출	32%
지표면에서 반사/방출	19%
대기에서 방출	49%
총	100%

온실가스

지구 기온은 온실가스라는 기체층의 영향을 받아요. 온실가스가 담요처럼 열을 가두어서 지구가 따뜻해지지요. 동식물이 살아갈 적당한 온도가 만들어지는 거예요.

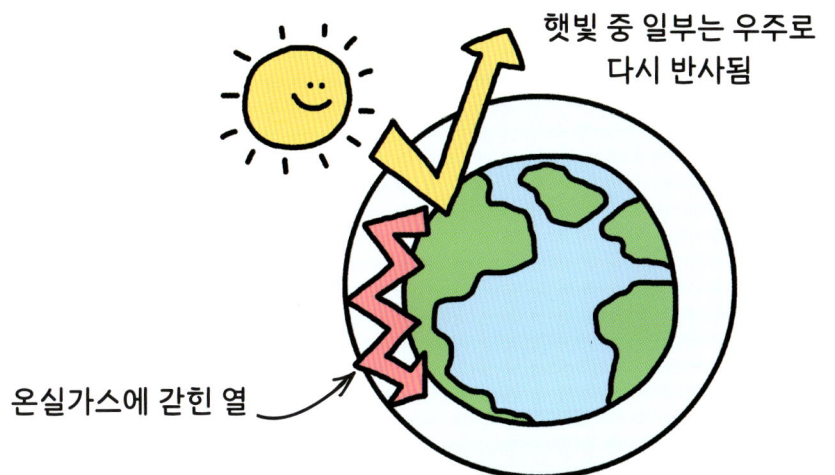

햇빛 중 일부는 우주로 다시 반사됨

온실가스에 갇힌 열

> 10명 중에서 이제 4명만 남았어요. 그 나머지 4명 중에…

누군가는 바다를 데워요.

"어서 와. 따뜻해서 너무 좋아."

누군가는 식물에 닿아서, 식물이 먹이를 만들 때 쓸 에너지가 되지요.

"태양아, 고마워. 마침 배가 고팠는데."

누군가는 땅에 닿아서 흙을 데우고요.

"환영해. 겨울이 너무 길었어."

기온 상승

1880년 이래로 육지와 바다의 표면 온도는 점점 올라가고 있어요. 대다수의 과학자들은 이 온도 상승이 인류 때문이라고 봐요. 화석 연료 연소, 현대식 농사 같은 인간의 활동 때문에 대기 중으로 너무 많은 양의 온실가스가 방출되거든요. 그래서 대기가 열을 더 많이 가두고, 기온이 상승하는 거예요.

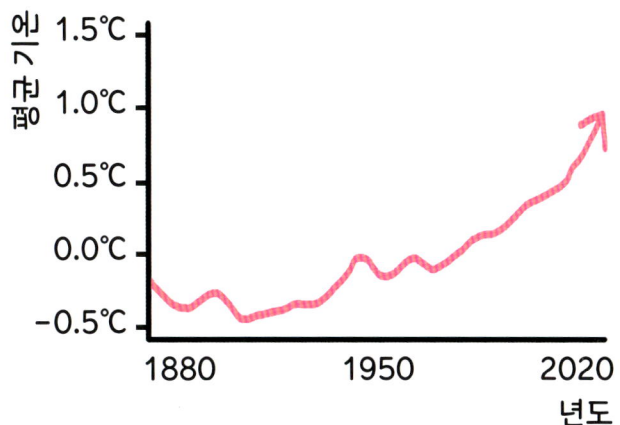

지구가 알이라면?
지구의 구조

지구가 알이라고 상상해 봐요. 이 알을 깨면(커다란 숟가락이 필요하겠지요) 뭐가 보일까요?

먼저 껍데기를 깨야 해요.
딱!
껍데기 (전문 용어로는 지각)

지각 밑에는 걸쭉한 층이 있어요.
으아아아! 조심해!
맨틀층

걸쭉한 층의 안에는 다른 층이 있어요.
파내기 (너무 깊이는 말고)
다음 층까지 뚫고 들어가려면 숟가락이 필요하겠네요.

지구의 열

지구의 열은 어디에서 나올까요? 절반 정도는 바깥층인 맨틀과 지각에서 나와요. 나머지는 지구의 중심핵에서 나온다고 하고요. 과학자들은 이 열이 약 46억 년 전에 지구가 생길 때 남은 것이라고 생각해요.

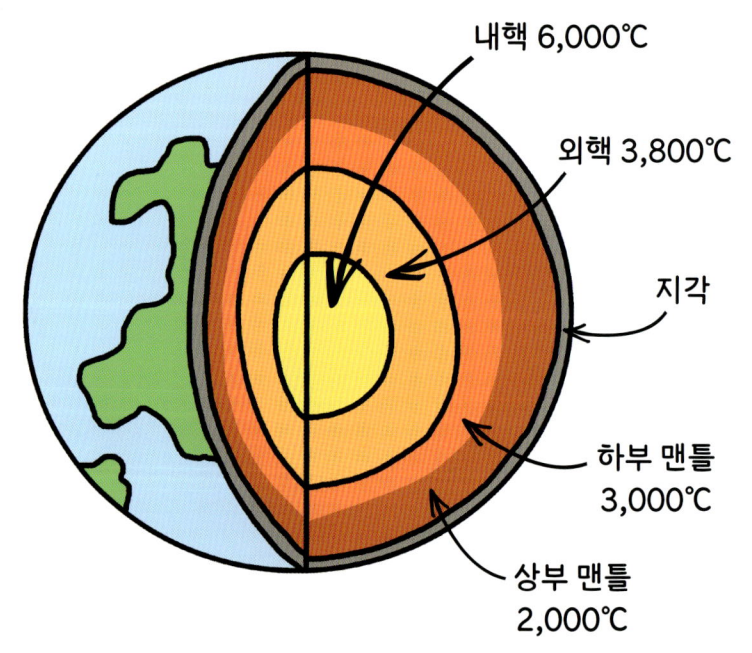

- 내핵 6,000°C
- 외핵 3,800°C
- 지각
- 하부 맨틀 3,000°C
- 상부 맨틀 2,000°C

지각판

지구의 바깥층은 하나의 거대한 암석이 아니에요. 여러 조각으로 쪼개져 있어요. 이 조각을 지각판이라고 해요.

가장 큰 지각판들
(빨간 선으로 표시)

지표면 형성

지각판들은 끊임없이 움직여요. 해마다 약 3-5cm씩이죠. 달팽이보다 훨씬 느린 속도예요.* 이렇게 느리지만, 지각판은 엄청난 힘을 가졌어요. 지각판이 움직이면서 지표면이 만들어져요. 지각판의 운동이 해저, 넓은 골짜기, 산맥을 만들지요. 지각판이 만나는 곳에는 대개 화산이 만들어지고 지진도 일어나요.

* 달팽이는 한 시간에 100cm까지 갈 수 있어요.

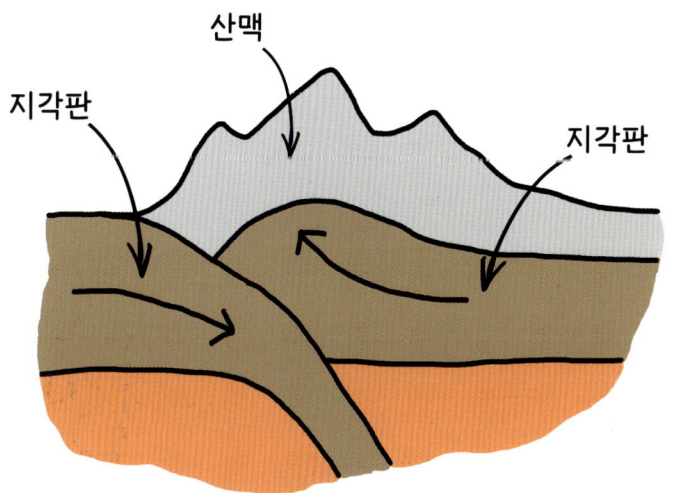

한 지각판(오른쪽에서 온 것)이 다른 지각판의 위로 미끄러져 올라가요. 이때 땅이 위로 밀리면서 산맥이 생겨요.

밀물과 썰물

달은 꽤 커서 달의 중력이 지구에 강한 영향을 끼쳐요. 달의 중력이 일으키는 가장 뚜렷한 효과는 밀물과 썰물이에요. 달이 바다 위를 지날 때, 달의 중력이 바닷물을 끌어당겨요. 그러면 해수면이 높아지지요. 다른 곳은 낮아지고요.
그래서 밀물과 썰물이 주기적으로 나타나는 거예요.

달과 동물

지구에는 달에 의지해 살아가는 동물이 많아요.

- 오스트레일리아 그레이트배리어리프의 산호 동물들은 보름달이 뜰 때 알을 뿜어내요.
- 도약옆새우, 쇠똥구리 같은 동물들은 달을 보고 길을 찾아요.

달의 위상

달빛은 햇빛이 반사된 거예요. 햇빛이 달에 반사되어서 지구로 오는 거죠.
지구가 달과 해 사이에 있으면 햇빛이 가려지면서 달에 그림자가 져요.
그래서 우리 눈에 보이는 달의 모습이 계속 바뀌는 거예요.

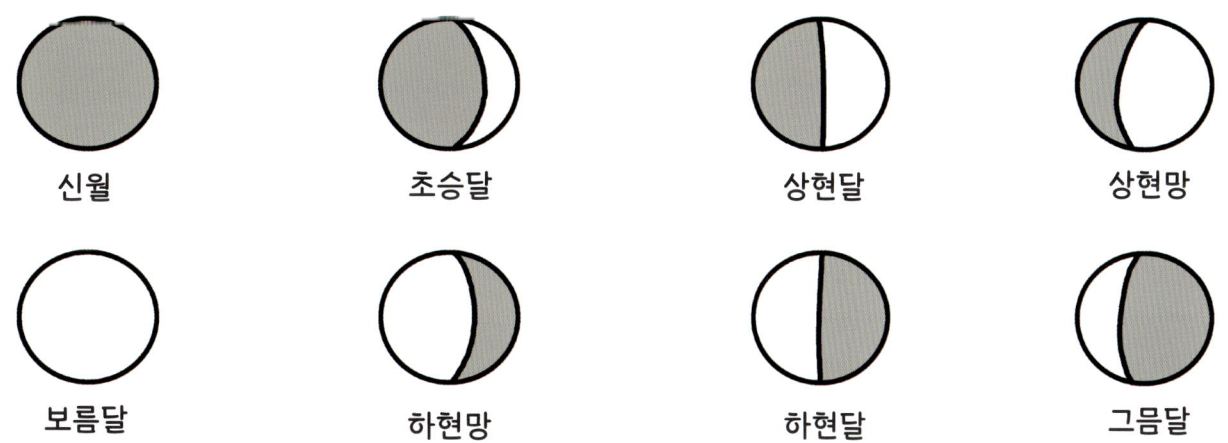

해가 사라진다면?
일식

해가 없다면 지구의 어떤 생물도 살아남지 못할 거예요.*
해가 사라지면 어떤 무서운 일이 벌어질까요? 상상해 봐요.

* 사실 지구도 없어질 거예요.

일식의 원리

해는 달보다 400배 이상 커요. 그런데 어떻게 달이 해를 완전히 가릴 수 있을까요? 달은 지구에서 384,000km 떨어진 반면, 해는 약 150,000,000km 떨어져 있기 때문이에요. 가까이 있는 물체는 더 커 보이는 법이지요. 탁구공을 손에 들고 멀리서부터 점점 눈 가까이 가져와 봐요. 공이 점점 커지면서 시야를 더 많이 가릴 거예요.

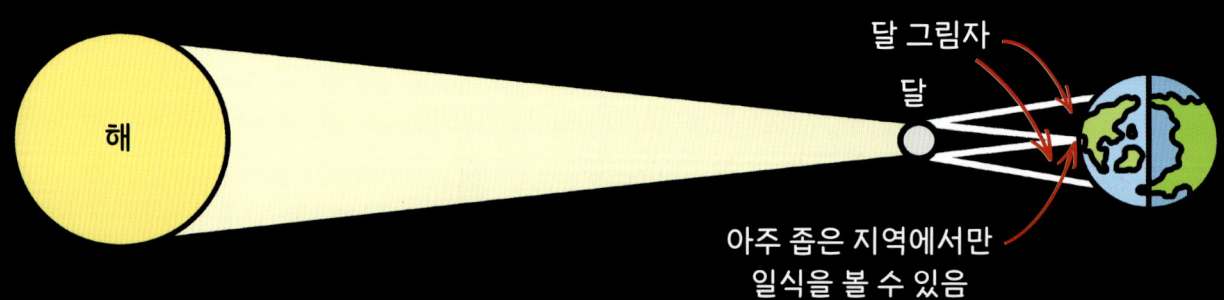

* 다시 일어날 거예요. 수백 년 뒤에요.

석신

석신은 기원전 350년 쯤에 살았던 중국의 유명한 천문학자예요. 약 800개의 별을 표시한 밤하늘 지도를 만든 사람이지요. 석신은 달이 스스로 빛나지 않고 햇빛을 반사해 빛을 낸다는 것도 알았어요. 또 일식이 달 때문에 생긴다는 것을 깨닫고, 일식이 언제 일어날지 예측하는 방법도 기록했지요.

달에는 석신의 이름을 딴 크레이터도 있어요.

제멋대로 천문학자들
프톨레마이오스와 학자들

아리스토텔레스와 알하젠

프톨레마이오스가 태양이 지구 주위를 돈다고 생각한 첫 번째 천문학자는 아니에요. 그 전에 아리스토텔레스(기원전 384-322)도 그렇게 생각했죠. 프톨레마이오스 이후에 아랍의 과학자 알하젠(965-1039)도 태양계를 비슷한 모습으로 생각했어요. 프톨레마이오스의 연구에 몇 가지 문제가 있다고 지적하긴 했지만요.

지구에서 태양까지의 거리

당시의 정보*를 토대로 프톨레마이오스는 태양이 지구에서 얼마나 멀리 있는지를 알아내려고 했어요. 그리고 태양까지의 거리가 지구 반지름의 1,210배라고 계산했지요. 지금 과학자들은 태양까지의 거리를 지구 반지름의 약 23,450배라고 생각해요. 프톨레마이오스의 값은 이 거리의 5%밖에 안 되어요.

* 그리 정확한 것은 아니었어요.

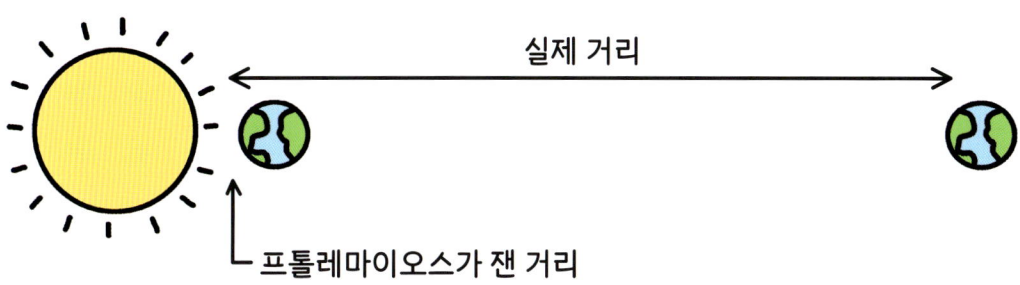

3명의 학자

태양계가 실제로 어떻게 생겼는지 이해하는 데 중요한 기여를 한 과학자가 3명 있어요.

- 1514년경 니콜라우스 코페르니쿠스(1473-1543)는 수학으로 지구가 태양 주위를 돈다는 사실을 밝혔어요.

- 1600년대 초에 요하네스 케플러(1571-1630)는 행성들이 태양 주위를 타원을 그리면서 돈다는 사실을 밝혔어요.

- 갈릴레오 갈릴레이(1564-1642)는 망원경을 발명해 우주를 더 잘 이해할 수 있게 도왔어요.

인물 탐구
갈릴레오 갈릴레이

1630년대에 이탈리아 천문학자 갈릴레오 갈릴레이는 태양계에 관한 새로운 발견을 했어요. 하지만 안타깝게도 그 연구 때문에 엄청난 곤경에 처했지요.

1610년 이탈리아 투스카니. 갈릴레이는 세상에서 가장 성능 좋은 망원경을 만들었어요.

이 망원경으로 목성의 달을 발견했고, 혜성을 연구했어요.

하지만 갈릴레이의 생각에 반대하는 사람들이 있었어요.

지구는 태양 주위를 돈다.

가톨릭 지도자

흠, 내 생각은 다른데…

현대 과학의 아버지

갈릴레이는 현대 과학의 아버지라고 불려요. 현대의 과학적 방법을 최초로 쓴 사람 중 한 명이거든요. 갈릴레이는 자신의 생각이 맞는지 실험하고, 수학으로 증명했어요. 결과가 자신의 생각과 들어맞지 않으면, 그 생각은 분명히 틀린 것이라고 여겼지요.

어느 쪽이 더 빨리 떨어질까?

갈릴레이는 이탈리아 피사의 사탑에서 무게가 서로 다른 공을 떨어뜨리는 중력 실험을 했다고 해요.

종교 재판

가톨릭 교회의 종교 재판소는 갈릴레이를 이단이라고 고발했어요.
종교 재판소는 교회에서 인정하지 않는 사상을 지닌 사람을 찾아내서 마음을 바꾸도록 설득하거나 불가능하다면 처벌하는 일을 하는 곳이었지요.
처벌은 벌금을 걷는 것부터 감옥에 가두거나 화형시키는 것까지 다양했어요.
고발된 사람들은 대부분 교회가 옳다고 인정하는 쪽을 택했지요.

당시에는 교회와 생각이 다르면 이단 취급을 받았어요.
이단은 나쁜 생각을 품었다는 뜻이에요.

이단자를 묶는 곳
불을 피우는 곳

정말 지구가 태양 주위를 돈다고 생각하나요?

윽!

할 수 없이 갈릴레이는 자기가 잘못 생각했다고 말했지요.

하지만 결국 갈릴레이는 갇히고 말았어요. 영원히요.

그나마 내 집에 갇혔으니까 다행이야.

망원경

갈릴레이는 믿을 만한 망원경을 최초로 만든 사람 중 한 명이었어요. 갈릴레이의 첫 망원경은 사물이 실제보다 8-9배 더 커 보이게 했어요. 나중에는 30배 더 확대하는 망원경도 만들었어요.

실제 크기의 30배

실제 크기

망원경은 멀리 떨어져 있는 것을 잘 보이게 해요.

공룡의 하루
지구의 자전

오늘날 우리는 지구의 자전 때문에 태양이 하늘을 지나가는 것처럼 보인다는 사실을 알아요. 지구는 24시간에* 한 바퀴씩 돌지요. 하지만 늘 그랬던 것은 아니에요. 공룡 시대에는 하루가 23시간이었거든요.

* 정확한 건 아니에요. 실제로는 23시간 56분이지요.

길어진 하루

지구의 하루는 달 때문에 길어져요. 지구가 자전할 때, 달의 중력이 자전거 바퀴에 마찰을 일으키는 제동 장치처럼 작용하거든요. 달은 기나긴 세월에 걸쳐서 지구의 자전 속도를 조금씩 늦추었어요. 그래서 지금은 공룡 시대보다 하루가 약 1시간 더 길어요.

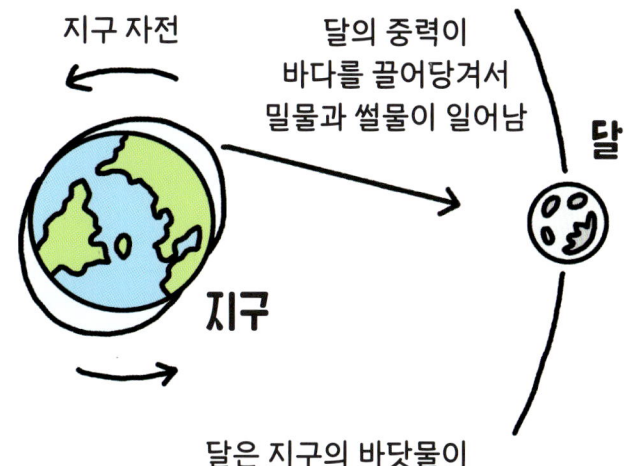

달은 지구의 바닷물이 지구와 똑같은 속도로 움직이지 못하게 해요.

태양계의 하루

태양계의 행성들은 저마다 자전 속도가 달라요. 따라서 하루의 길이도 저마다 다르지요.

수성	1,408시간	목성	10시간
금성	5,832시간	토성	11시간
지구	24시간	천왕성	17시간
화성	25시간	해왕성	16시간

시간 재기

우리 달력은 일, 월, 년으로 나누어져요. 각각 지구, 달, 해의 움직임을 바탕으로 해요.

- 1일은 지구가 한 번 자전을 하는 데 걸리는 시간이에요.
- 1월(한 달)은 달이 지구 궤도를 도는 데 걸리는 대략의 시간이에요.
- 1년은 지구가 태양의 궤도를 도는 데 걸리는 시간이에요.

기울어진 지구
계절

지구는 자전을 해요.
그런데 축이 기울어져 있지요.
그래서 날씨가 따뜻해지거나 추워지는
계절 변화가 나타나는 곳이 많아요.

북극, 남극, 적도

지구의 가장 북쪽은 북극이고 가장 남쪽은 남극이에요. 그 중간은 적도이지요. 적도 양쪽으로는 열대가 펼쳐져 있어요.

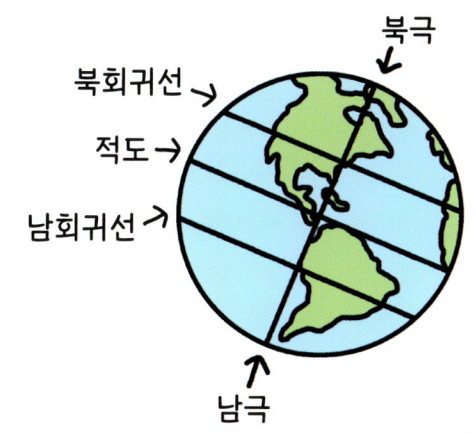

태양계 이모저모 1
수성과 금성

빛과 같은 속도로 나아가는 우주선에 타고 있다고 생각해 봐요. 그 우주선을 탄다면 태양계 끝까지 가는 데 겨우 4시간 10분 밖에 안 걸릴 거예요. 태양에 가장 가까운 행성은 수성이에요. 과학자들은 수성의 정확한 구조를 아직 잘 몰라요. 물론 다른 행성들의 구조도요.

수성

- 지름: 4,878km
- 태양과의 평균 거리: 58,000,000km
- 햇빛이 닿는 데 걸리는 시간: 193초
- 지구에서 몸무게가 30kg이라면 수성에서는: 11.4kg
- 1년*: 88지구일
- 1일**: 58.6지구일

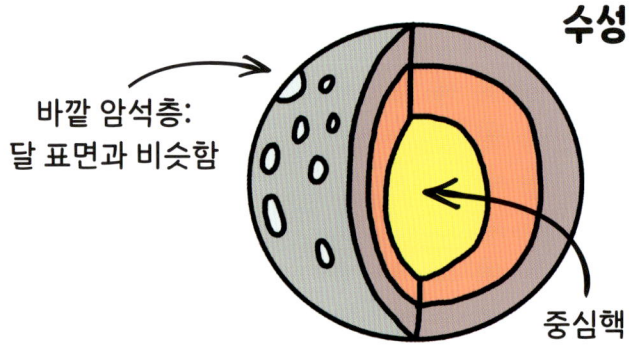

바깥 암석층: 달 표면과 비슷함

중심핵

수성

철로 된 중심핵은 수성의 약 80%를 차지해요. 과학자들은 이 중심핵이 어느 정도는 액체라고 생각해요.

우주에서의 거리

우주에서 가장 먼 거리는 '광년'이라는 단위로 재요.
광년은 빛이 1년 동안 가는 거리예요.
빛은 1년에 9,334,200,000,000km정도 갈 수 있어요.

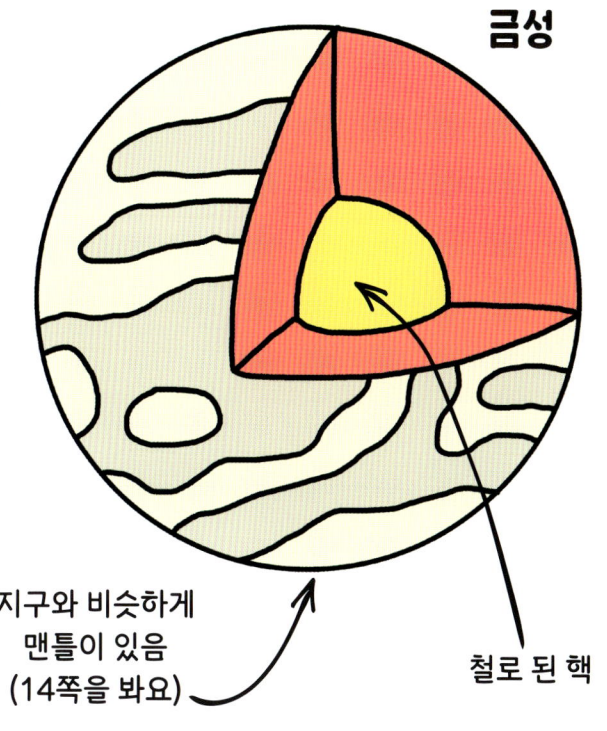

금성

지구와 비슷하게 맨틀이 있음 (14쪽을 봐요)

철로 된 핵

금성의 지각은 아주 오래되었어요.
지구의 지각보다 3-6배 더 나이가 많아요.

금성

- 지름: 12,104km
- 태양과의 평균 거리: 108,000,000km
- 햇빛이 닿는 데 걸리는 시간: 360초
- 지구에서 몸무게가 30kg이라면 금성에서는: 27kg
- 1년*: 225지구일
- 1일**: 243지구일

* 태양 공전 궤도를 도는 데 걸리는 시간.
** 자전하는 데 걸리는 시간.

태양에서 두 번째로 가까운 행성은 금성이에요.

"지구와 닮은 것 같아."

지구와 비슷한 크기

금성은 온통 유독한 황 구름으로 덮인 곳이에요.

"실제로는 지구와 전혀 다르군."

이 구름은 열을 가두어요.

지표면 온도는 900°C에 달할 정도로 뜨거워요.

땅에 닿으면 다 녹아 버리겠죠.

태양계 이모저모 2
지구와 화성

다음 행성은 바로 지구와 화성이에요. 과학자들이 가장 잘 아는 행성은 우리가 사는 곳, 지구예요. 지구를 지나면 지구에서 가장 가까운 행성인 화성이 보여요.

지구

지름: 12,760km

태양과의 평균 거리: 150,000,000km

햇빛이 닿는 데 걸리는 시간: 8.3분

1년*: 365.25지구일

1일**: 23시간 56분

지구의 구조는 14-15쪽에서 자세히 볼 수 있어요.

화성은 거대한 복숭아를 닮았어요. 세 층으로 이루어졌지요.

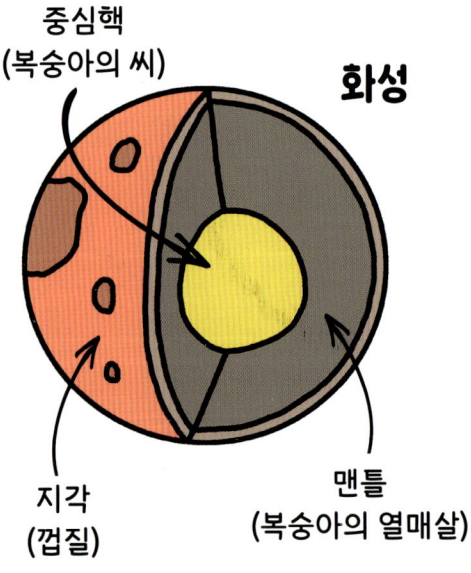

중심핵 (복숭아의 씨)

지각 (껍질)

맨틀 (복숭아의 열매살)

화성

화성

지름: 6,787km

태양과의 평균 거리: 228,000,000km

햇빛이 닿는 데 걸리는 시간: 12.7분

지구에서 몸무게가 30kg이라면 화성에서는: 11.4kg

1년*: 687지구일

1일**: 24시간 37분(지구시)

* 태양 공전 궤도를 도는 데 걸리는 시간.
** 자전하는 데 걸리는 시간.

암석형 행성 vs 기체형 행성

태양계의 네 번째 행성인 화성은 표면이 단단한 암석층이에요.
이런 행성을 '암석형 행성'이라고 해요. 수성, 금성, 지구도 같은 종류예요.
다른 네 행성은 주로 기체로 이루어진 '기체형 행성'이에요.
'목성형 행성'이라고도 하지요. 목성, 토성, 천왕성, 해왕성이 여기에 속해요.

태양계 이모저모 3
목성과 토성

화성에서 목성까지는 광속으로 가도 30분이 걸려요. 두 행성이 엄청나게 멀리 떨어져 있거든요.
목성은 주로 기체와 액체로 이루어진 행성이에요. 토성은 아름다운 고리를 가진 행성으로 유명하지요.

우리는 여기에서 목성을 바라보기만 할 거예요.

와, 진짜 커.

태양계에서 가장 큰 행성

가니메데(달)

와!

가까이 갔다간 79개나 되는 목성의 달과 충돌할지도 모르니까요.

목성에는 100년 넘는 기간 동안 시속 600km로 부는 폭풍이 있어요.

슈웅 슈우우웅

목성

지름: 139,822km

태양과의 평균 거리: 765,000,000km

햇빛이 닿는 데 걸리는 시간: 42.5분

지구에서 몸무게가 30kg이라면
목성에서는: 72kg

1년*: 11.9지구년

1일**: 9.8지구시

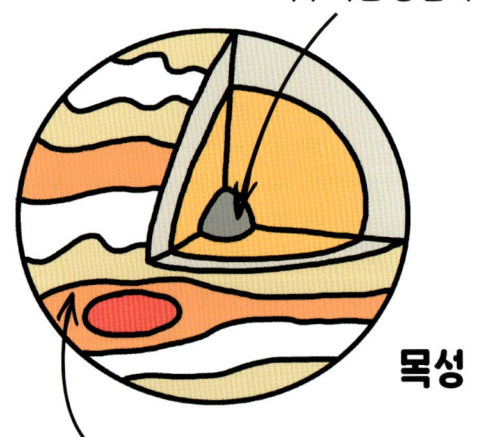

금속, 암석, 기체, 얼음으로 이루어진 중심핵

목성

수소 90%, 헬륨 10% 정도로 이루어진 대기

토성의 고리

토성의 고리들은 우주로 약 300,000km까지 뻗어 있지만, 대부분은 두께가 10m에 불과해요. 고리를 이루는 돌과 얼음은 혜성, 소행성, 달이 부서진 조각들일 거예요. 가끔 집채만 한 조각도 있어요.

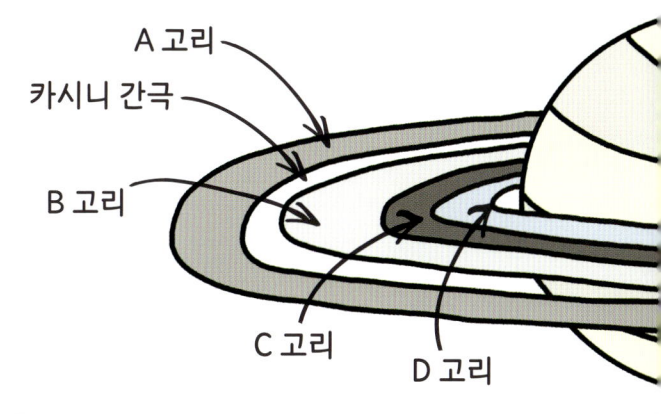

토성

지름: 120,500km

태양과의 평균 거리: 1,400,000,000km

햇빛이 닿는 데 걸리는 시간: 1시간 18분

지구에서 몸무게가 30kg이라면 토성에서는: 33kg

1년*: 29.5지구년

1일**: 약 10.5지구시

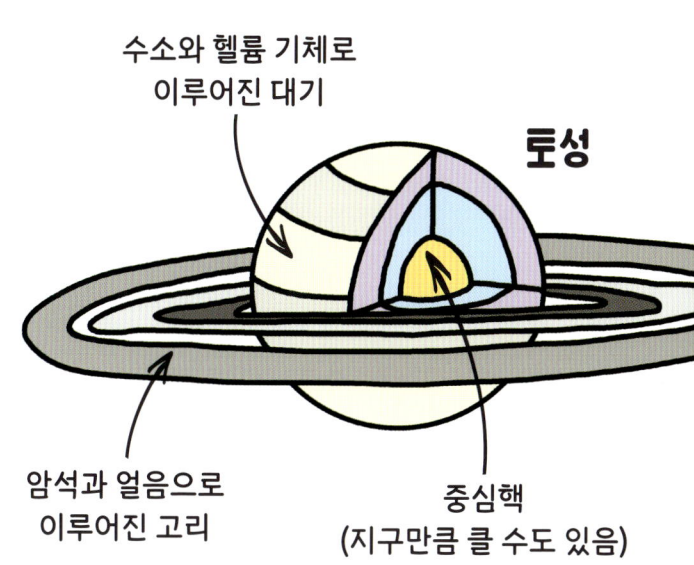

* 태양 공전 궤도를 도는 데 걸리는 시간.
** 자전하는 데 걸리는 시간.

태양계 이모저모 4
천왕성과 해왕성

이제 태양계에서 태양과 가장 멀리 떨어져 있는 행성들을 알아볼 거예요. 이 세계의 주인공은 바로, 천왕성과 해왕성이지요. 목성과 토성처럼 이 행성들도 기체로 이루어졌어요.

천왕성은 주로 황화수소 구름으로 이루어졌어요.

우주선 안까지 냄새가 들어와!

썩은 달걀이나 방귀 냄새 같은 걸 풍기죠.

들르지는 않을래.

마지막 행성까지는 아주 멀어요. 가는 동안 읽을 책은 챙겼나요?

2시간 30분 뒤.

야호! 해왕성이다!

천왕성

지름: 51,120km

태양과의 평균 거리: 2,900,000,000km

햇빛이 닿는 데 걸리는 시간: 1시간 40분

지구에서 몸무게가 30kg이라면 천왕성에서는: 27kg

1년*: 84지구년

1일**: 약 17지구시

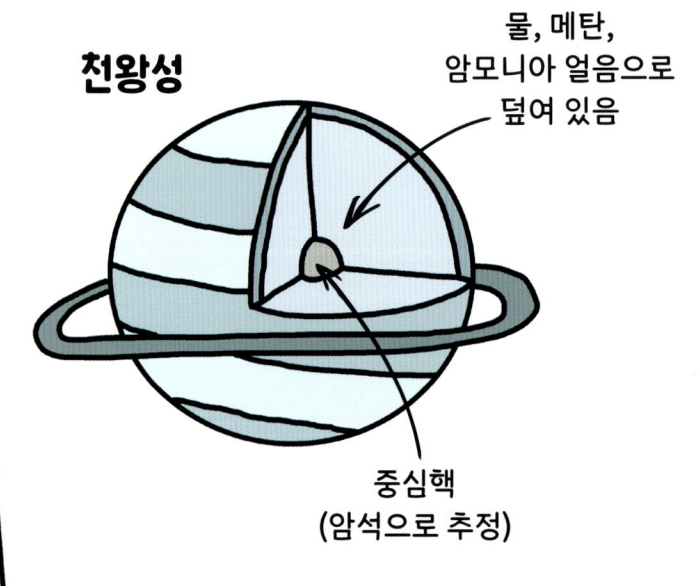

천왕성

물, 메탄, 암모니아 얼음으로 덮여 있음

중심핵 (암석으로 추정)

거대 기체형 행성

과학자들도 거대 기체형 행성의 중심에 무엇이 있는지는 잘 몰라요.

목성: 불확실

토성: 불확실

천왕성: 작은 암석핵

해왕성: 작은 암석핵

해왕성은 파란 물로 뒤덮인 것처럼 보여요.*

"수영하고 싶어!"

하지만 물은 전혀 없어요.

바람이 세요. 아주 세요.

"으아아아아!"

음속보다 빠른 바람

또 지구보다 자기장이 27배나 강하지요.

"휴, 이제 집에 가야겠어."

* 메탄 때문이에요.

해왕성

지름: 49,530km

태양과의 평균 거리: 4,498,252,900km

햇빛이 닿는 데 걸리는 시간: 4시간 10분

지구에서 몸무게가 30kg이라면 해왕성에서는: 34.2kg

1년*: 165지구년

1일**: 약 16지구시

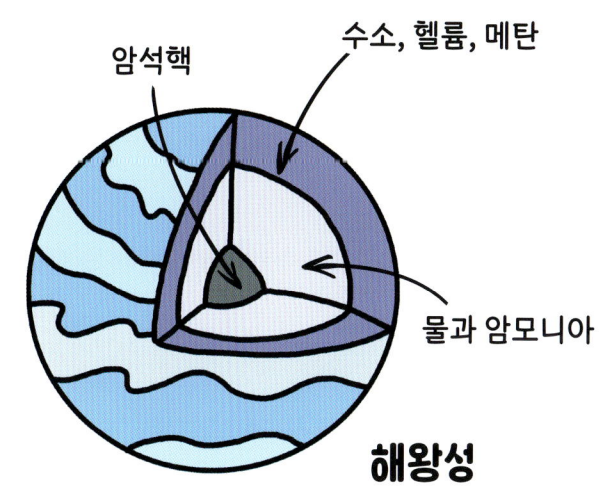

해왕성

암석핵
수소, 헬륨, 메탄
물과 암모니아

* 태양 공전 궤도를 도는 데 걸리는 시간.
** 자전하는 데 걸리는 시간.

행성의 조건
행성과 왜소행성

1846년까지 발견된 행성은 모두 8개예요. 그런데 어느 날, 가장 멀리 있는 행성인 해왕성에서 뭔가 이상한 점이 드러났었어요.

행성이 되려면?

어떤 천체를 행성이라고 부를지는 천문학자마다 의견이 달라요. 하지만 대체로 다음과 같은 조건을 갖추어야 한다고 봐요.

- 별의 궤도를 돌아요.
- 모양이 둥글거나 거의 둥글 만큼 중력이 강해요.
- 근처에 크기가 비슷한 다른 천체가 없어요.

태양계의 각 행성 주변에는 크기가 비슷한 천체가 없어요.

명왕성 이름 짓기

명왕성이라는 이름은 베네시아 버니라는 영국의 11세 여자아이가 붙였어요.
베네시아는 당시 행성 X라는 천체를 발견한 미국 로웰 천문대에 이 이름을 보냈지요.
그곳의 천문학자들은 멀리 떨어진 차가운 행성에 고대 그리스의 지하 세계
신의 이름(영어로 플루토)을 붙이는 건 좋은 생각이라며 찬성했어요.

84년 뒤.

찾았다! 발견했어!

클라이드 톰보: 행성 X 발견자

그다음, 행성 X에 이름을 붙였어요.

행성의 이름:
명왕성

그런데 이야기는 여기서 끝이 아니에요.

잠깐, 쟤는 행성이 아닌데?

나중에 행성 X는 행성에서 탈락하고 말았거든요.

행성 X가 탈락한 이유

2006년 이래로 명왕성은 가까이에 크기가 비슷한
천체가 있다는 이유로 행성에서 탈락했어요.
지금은 명왕성을 왜소행성이라고 불러요.
천문학자들은 태양계에서 왜소행성을 5개 정도
찾아냈어요. 명왕성, 세레스, 에리스, 하우메아,
마케마케이지요. 하지만 아직 발견하지 못한
왜소행성이 수백 개는 된다고 생각해요.

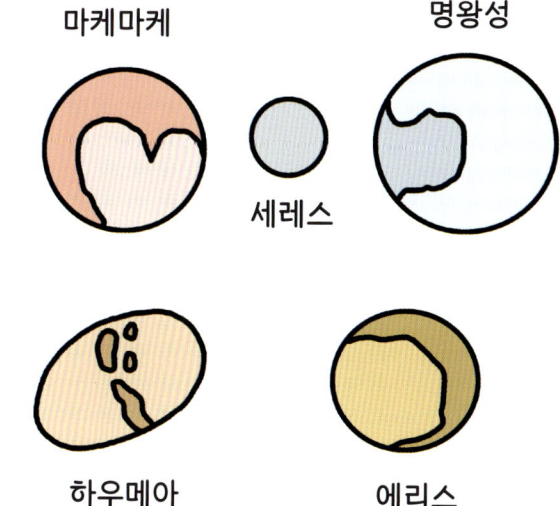

마케마케, 명왕성, 세레스, 하우메아, 에리스

우주는 어떻게 생겨났을까?
빅뱅

빅뱅 이론은 우주가 어떻게 시작되었는지 설명해요.
과학자들은 우주가 약 137.4억 년 전에 생겨났다고 생각하지요.

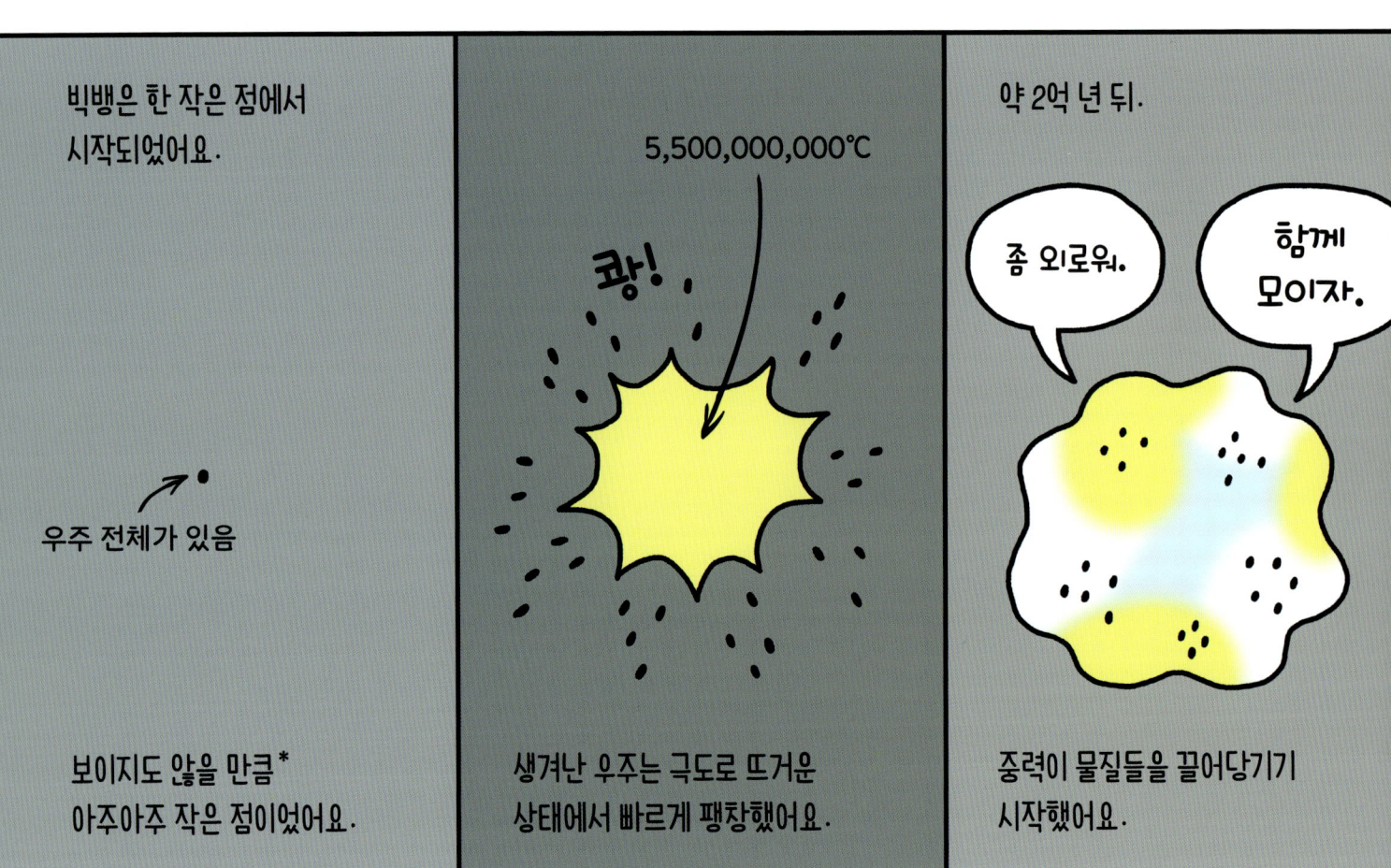

* 누군가가 보고 있었다면요.

공간과 시간

지금 우리는 별, 행성, 달을 이용해서 시간을 재요.
그런데 빅뱅으로 우주가 생기기 전에는 별도 행성도 달도 없었어요.
그러니까 시간은 우주 공간이 생겨날 때 함께 생겨난 거예요.
우주가 시작되면서 시간도 시작될 수 있었지요.

커지는 우주

성능 좋은 망원경으로는 우주 가장자리에 있는 은하의 빛을 볼 수 있어요. 130억 년 넘게 여행한 빛이지요. 이 빛을 통해 130억 년 전에 무슨 일이 일어났는지도 알 수 있답니다.

제임스 웹 우주 망원경

빅뱅 이론

빅뱅 이론은 가톨릭 사제이기도 한 벨기에 천문학자 조르주 르메트르(1894-1966)가 처음 내놓았어요. 당시에는 이미 성능 좋은 망원경이 있어서 사람들은 은하들이 서로 멀어지고 있다는 사실을 알았어요. 1927년 르메트르는 그 일이 어떻게 왜 일어나는지를 설명했지요. 그리고 1930년대에 우주가 계속 커진다면, 과거에는 더 작았을 것이라고 주장했어요. 시간을 훨씬 더 거슬러 올라가면, 틀림없이 우주의 모든 물질이 한 작은 점으로 모여 있었을 것이라고 말했지요.

'스타'가 나타났다!
별 형성 과정

별은 우주에서 계속 생겨나요.
그럼 우리 은하에서 가장 유명한 별인 태양은 어떻게 생겨났을까요?

별의 종류

별도 여러 종류가 있어요.
온도가 서로 다르고 크기도 저마다 달라요.
가장 작은 별은 지름이 약 30km예요.
가장 큰 별인 초거성은 지름이
1,000,000,000km나 돼요.
태양의 약 1,500배지요.

별의 죽음

별은 수소라는 화학 물질을 연료로 써요. 하나의 별에는 수십억 년 동안 탈 정도의 수소가 있지만, 그 수소가 다 타 버리면 결국 죽음을 맞지요. 하지만 별은 죽어도 자취를 남겨요. 별이 사라지고 오랜 시간이 흐른 뒤에도 그 별에서 뿜어져 나온 빛은 우주로 계속 뻗어 나가거든요.

도는 속도가 더 빨라지면서, 기체와 먼지를 점점 더 많이 끌어모았어요.		이윽고 바깥층이 폭발하면서…
"좀 어지러운데…"	"윽, 너무 뜨거워!" 원시별 1,700°C 중심의 원자들이 융합되면서 에너지를 뿜어냈어요.	"짜잔! 드디어 별이 되었어!"

별 재활용

우주에서는 재활용 쓰레기통을 준비할 필요가 없어요. 재활용이 자동으로 이루어지니까요. 별이 태어나고 죽을 때 수소 기체, 먼지, 부스러기가 주변 공간으로 흩어져요. 오랜 세월이 흐른 뒤, 이 물질들은 중력으로 모여서 새로운 별을 만들어요.

무시무시한 검은 구멍
블랙홀 형성 과정

블랙홀은 사실 구멍이 아니에요.
구멍처럼 보일 뿐이지요.
구멍처럼 보이는 블랙홀은
도저히 믿기 힘든 일이 벌어지는
무서운 곳이에요.

블랙홀은 거대한 별에서 생겨요.

"안녕, 난 아주 커다란 별이야!"

별은 수십억 년을 살지만…

연료를 다 써서 약해진 빛

영원히 살지는 못해요.

별은 폭발하면서 죽음을 맞고, 별의 바깥층은…

펑!

주변 공간으로 흩어져요.

블랙홀 관측

과학자들은 블랙홀이 주변의 별과 가스구름에 미치는 강한 중력을 관측해서 블랙홀을 찾아요. 블랙홀 가까이에 있는 별은 블랙홀의 강한 중력에 이끌려서 경로가 바뀌고 도는 속도도 빨라져요.

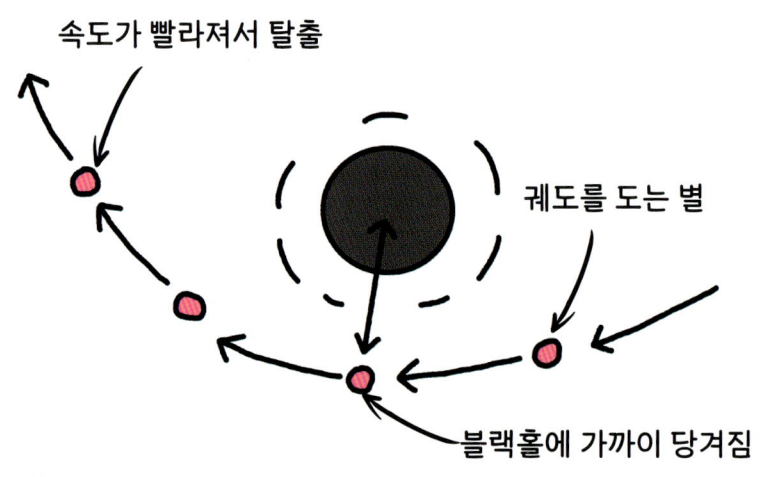

속도가 빨라져서 탈출
궤도를 도는 별
블랙홀에 가까이 당겨짐

사건의 지평선

블랙홀의 '사건의 지평선'은 강한 중력 때문에 빛조차 탈출하지 못하는 지점이에요.

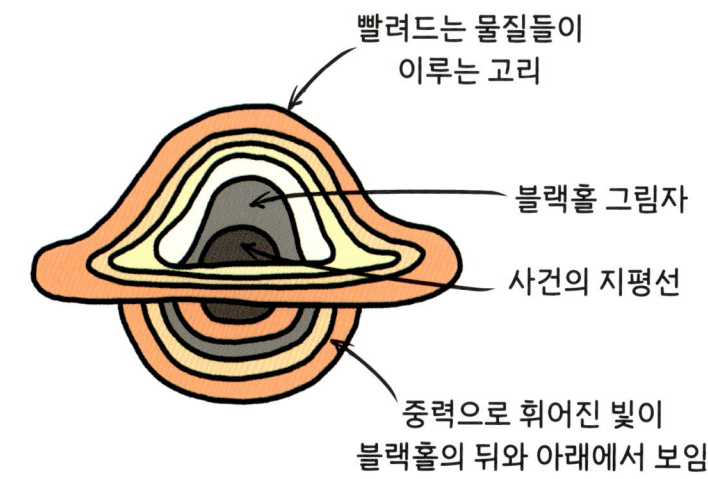

- 빨려드는 물질들이 이루는 고리
- 블랙홀 그림자
- 사건의 지평선
- 중력으로 휘어진 빛이 블랙홀의 뒤와 아래에서 보임

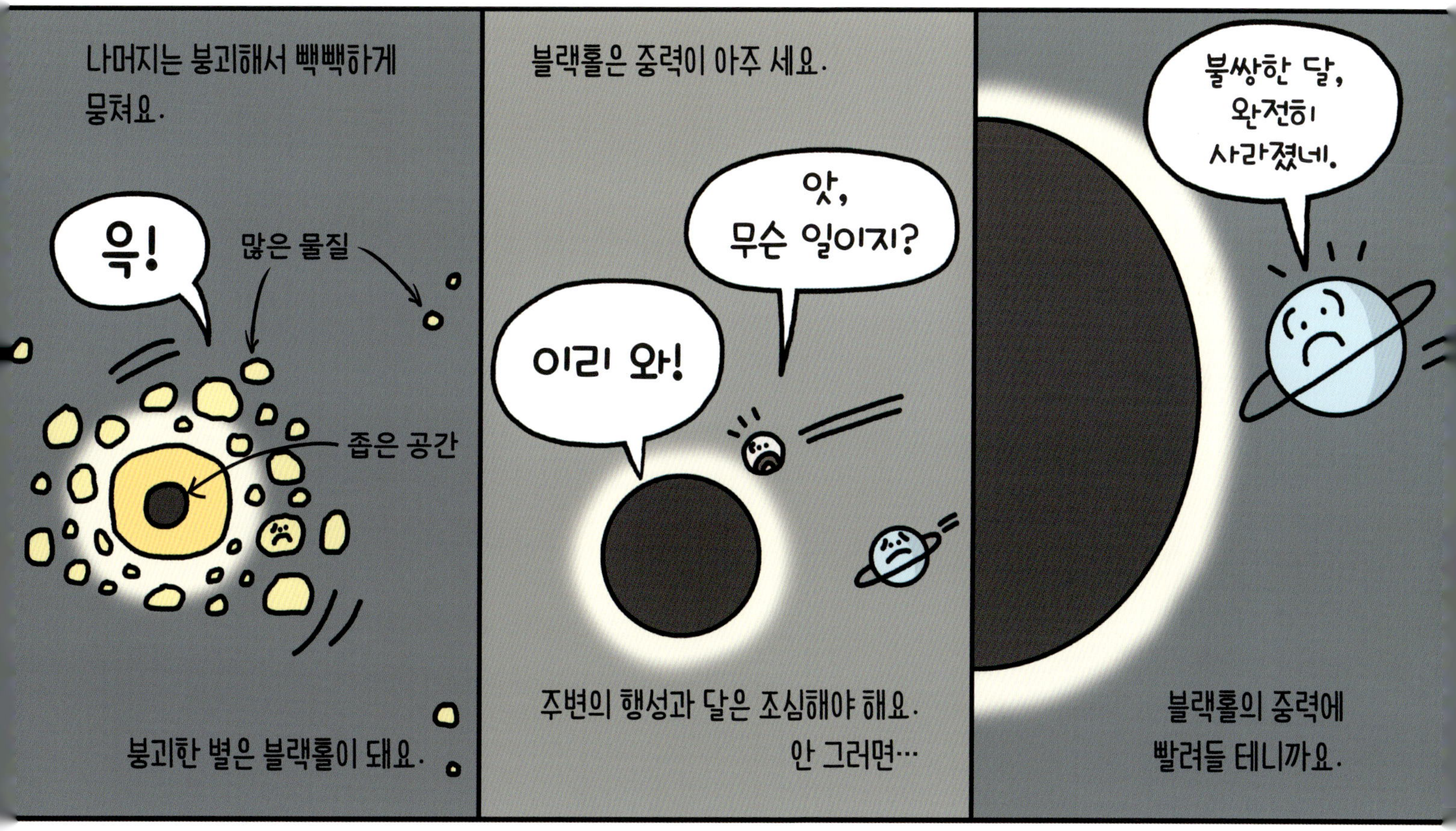

나머지는 붕괴해서 빽빽하게 뭉쳐요.	블랙홀은 중력이 아주 세요.	"불쌍한 달, 완전히 사라졌네."
"윽!" 많은 물질 / 좁은 공간 / 붕괴한 별은 블랙홀이 돼요.	"이리 와!" "앗, 무슨 일이지?" 주변의 행성과 달은 조심해야 해요. 안 그러면…	블랙홀의 중력에 빨려들 테니까요.

짓눌려서 꽉꽉

블랙홀의 물질은 아주 빽빽하게 뭉쳐 있어요. 눈에 보이지 않을 만큼 아주 작은 블랙홀에도 에베레스트산만큼의 물질이 들어 있지요. 가장 큰 블랙홀에는 태양 수백만 개만큼의 물질이 있다고 해요.

지구가 블랙홀로 압축되면, 탁구공만 해질 거예요.

외로운 가스구름 이야기
은하 형성 과정

모든 큰 은하의 중심에는 거대한 블랙홀이 있어요. 은하수, 즉 우리 은하의 중심에는 궁수자리 A라는 블랙홀이 있고요. 궁수자리 A의 중력이 우리 은하를 하나로 묶어 줘요.

지금 은하수의 중심에는…	그런데 뭔가가 나타났어요.	친구가 아니라 블랙홀이에요.
"누군가와 이야기하고 싶어." "혼자 떠드는 건 지겨워." 외로운 가스구름이 살고 있어요.	"안뇨오옹!" "앗, 친구다! 안녕!"	"난 배가 고파."

초질량 블랙홀

커다란 은하의 중심에 있는 블랙홀은 질량이 커요. 물질이 아주 많이 들어 있으니까요. 우리 은하의 중심에 있는 초질량 블랙홀인 궁수자리 A에는 태양 400만 개만큼의 물질이 들어 있어요. 그런데 크기는 겨우 태양만 하지요.

질량은 400만 배 차이가 나지만 크기는 거의 같은 태양과 궁수자리 A

은하 형성

초질량 블랙홀이 끌려 오는 것들을 다 먹어 치우지는 않아요. 별이 충분히 빨리 움직이면서 너무 가까이 다가가지 않을 때 그 별은 블랙홀 주위의 궤도를 돌아요. 그런 별이 많이 모여서 은하가 되지요. 은하의 별, 그리고 그 별의 행성들은 블랙홀로 빨려 들지 않은 채 블랙홀 주위를 돌게 되어요.

우리 은하는 중심에 있는 블랙홀 주위를 돌고 있어요.

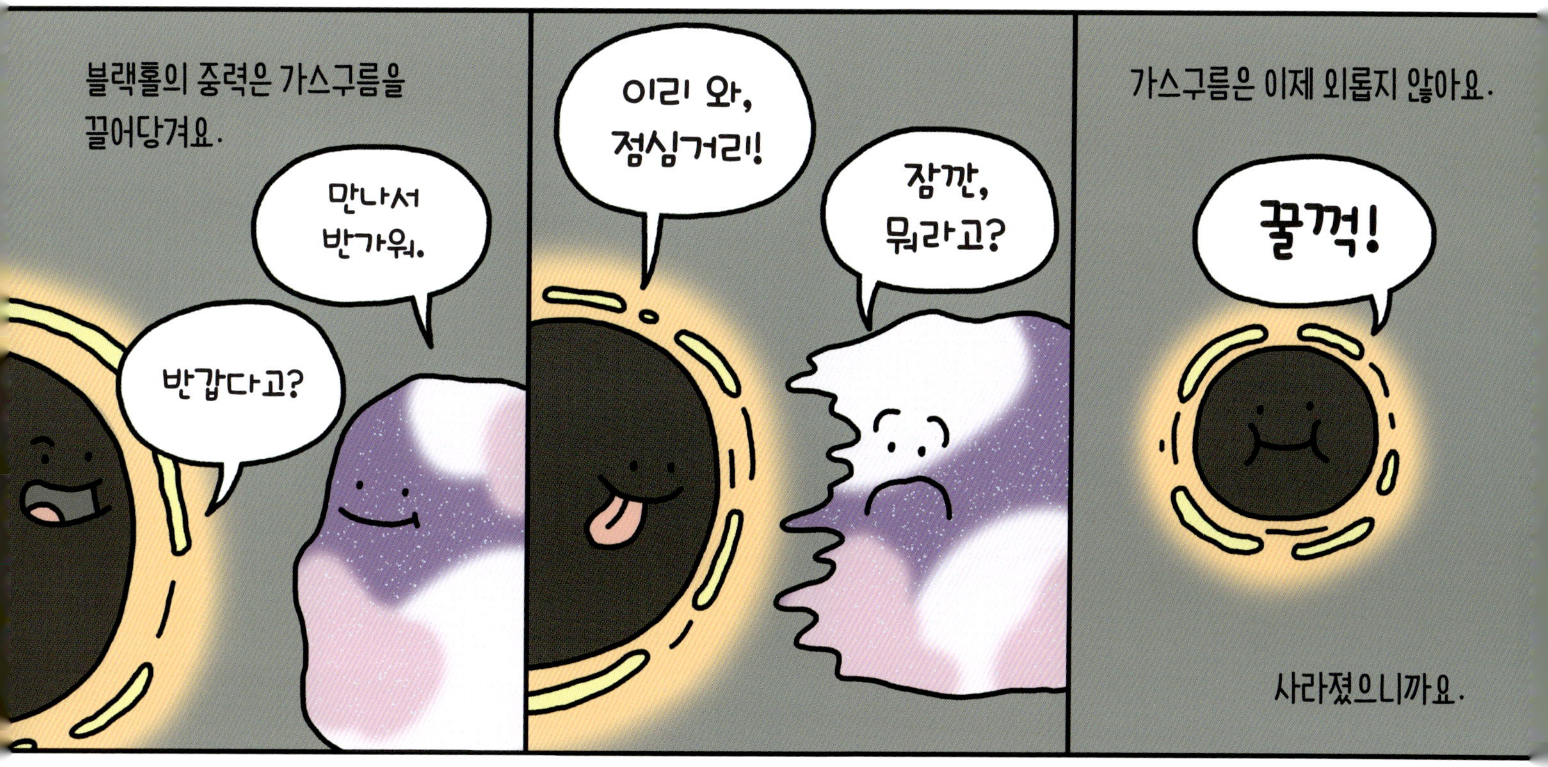

두 별의 운명

초질량 블랙홀은 때로 먹보처럼 별 두 개를 한꺼번에 삼키려고 해요. 그러면 두 별은 손을 맞잡고 춤추는 두 사람처럼 빙빙 돌아요. 그러다가 서로 떨어지는 순간, 한쪽 별은 블랙홀로 흡수돼요. 다른 별은 은하 저편으로 날아가고요.

우주의 포식자
은하와 중력

은하는 아주 커요. 은하를 완전히 통과하려면 수천 광년은 걸리지요.
한편으로, 은하는 다른 은하를 집어삼키기도 해요.

우주의 먼 구석 어딘가.

꼬르륵! 꼬르륵!

배고파!

멀리 떨어져 있던 두 은하가 점점 가까워져요.

아하!

앗, 들켰어.

은하의 모양

은하의 모양은 제각각이에요. 나선 모양도 있고 타원 모양도 있어요. 불규칙한 것도 있지요.

나선은하

막대나선은하

은하 충돌 경고!

우리 은하 옆에는 안드로메다은하가 있어요.
문제는 우리 은하와 안드로메다은하가 점점 가까워지고 있다는 거예요. 먼 훗날 둘은 충돌하고 말겠지요.
하지만 다행히 안드로메다은하는 아주 멀리 있어요.
충돌하기까지 10억 년은 더 걸릴 거예요.

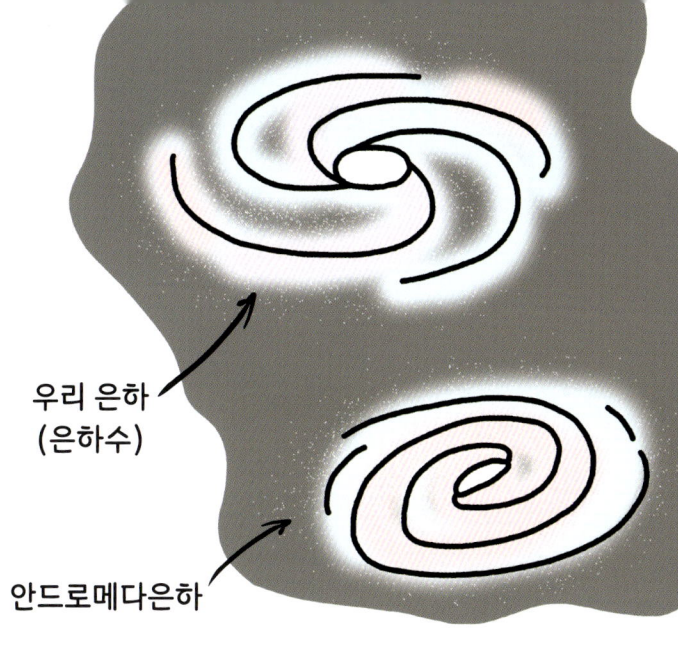

우리 은하 (은하수)

안드로메다은하

수백만 년 뒤.

야호, 맛있는 먹이가 걸렸네.

난 먹이가 아니야. 그런데 빠져나갈 수가 없네?

결국 10억 년 뒤, 식사 시간이 찾아와요.

냠냠!

으아아아!

타원은하

불규칙은하

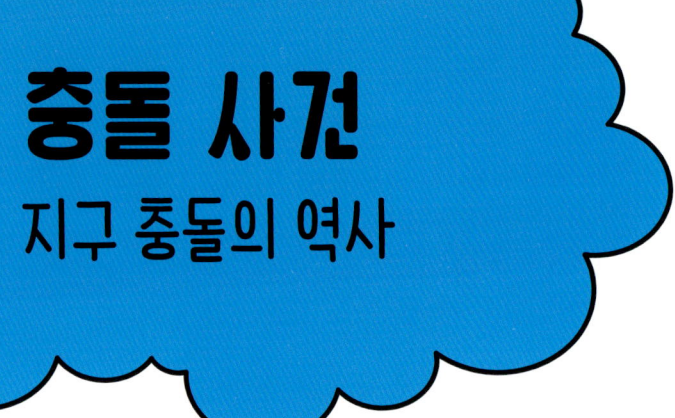

충돌 사건
지구 충돌의 역사

천문학자들은 한 천체가 다른 천체에 부딪치는 것을 '충돌 사건'이라고 해요.*
지구 역사에는 많은 충돌 사건이 있었어요.

* 어느 쪽의 잘못인지는 중요하지 않아요. 양쪽 다 피해를 입지요.

초기의 충돌

지구가 처음 생겨났을 때 태양계에는 천체가 지금보다 훨씬 더 많았어요.
하지만 충돌 사건들이 일어나면서 상황이 변했어요. 작은 천체는 더 큰 천체에 부딪쳐서 기체와 먼지로 부서지곤 했어요. 부서진 것들은 어떻게 되었을까요?*

1) 중력에 끌려서 더 큰 천체의 일부가 되었다.

2) 달이 되었다.

3) 양쪽 다.

초기의 태양계는 마치 범퍼카 놀이터 같았어요.
여기저기서 서로 마구 충돌했거든요.

* 정답은 3번!

공룡 멸종

약 6500만 년 전 커다란 소행성이 멕시코 유카탄에 충돌했어요. 과학자들은 소행성의 지름이 약 10km였다고 추정해요. 충돌 자리에는 지름 170-300km의 크레이터가 생겼고 충돌로 높이 1km가 넘는 거대한 지진 해일이 일어났어요. 또 대기가 재와 증기로 뒤덮여서 햇빛을 막는 바람에, 지구는 여러 해 동안 차갑게 식었어요. 이 때문에 많은 식물이 죽었지요. 전문가들은 이 사건이 공룡 멸종의 주된 원인이라고 생각해요.

다이아몬드 크레이터

약 3500만 년 전 러시아 시베리아 북부에 지름 5-8km의 소행성이 충돌했어요. 초속 약 20km로 떨어졌지요. 엄청난 충격이 일어났고, 이 일은 충돌 지점에서 약 12km 떨어진 곳까지 영향을 끼쳤어요. 그리고 몇 초 사이에 세 가지 조건이 맞아떨어지면서 놀라운 일이 벌어졌지요.

온도 + 압력 + 알맞은 종류의 암석
= 다이아몬드

일부 전문가들은 소행성 크레이터에서 다이아몬드를 가장 많이 찾을 수 있다고 생각해요. 그러나 안타깝게도 시베리아의 다이아몬드는 대개 너무 작아서 캘 가치가 없어요.

1차 우주 경쟁
앞서 나간 소련

제2차 세계 대전(1939-1945)이 끝난 뒤, 미국과 소련은 모든 분야에서 서로 경쟁했어요. 누가 더 강한 군대를 가졌는지, 누가 최고의 운동선수를 배출하는지, 누구에게 우방국이 더 많은지… 또 누가 먼저 우주에 가는지를 놓고서도요.

처음에는 경쟁이 심하지 않았어요.

삑삑!

스푸트니크 1호

하지만 소련이 1957년 10월 인류 최초로 인공위성을 쏘아 올리자…

전 세계는 충격에 빠졌어요.

으아아아! 우리는 다 죽을 거야!

소련은 1957년 11월에 개를 우주로 보내기도 했어요.

우주로 간 개 라이카

냉전

냉전(1947-1991)은 미국과 소련의 경쟁을 뜻해요. 두 나라는 정치, 스포츠, 과학, 예술 등 모든 분야에서 싸웠어요. 전쟁만 안 했을 뿐이죠. 세계는 양쪽으로 나뉘어서 지지했고, 몇 개 나라만 중립국으로 남았어요.

로켓 과학

인류는 우주를 탐사하기 시작한 이래로 줄곧 로켓을 이용했어요. 로켓의 원리는 다음과 같아요. 먼저, 연료를 태워서 뜨거운 기체를 만들어요. 기체는 로켓의 꽁무니로 뿜어져 나오면서 로켓을 상공으로 밀어 올리지요. 로켓을 처음 이용한 나라는 1200년대의 중국이라고 알려져 있어요. 우주 탐사가 아니라 불꽃놀이에요.

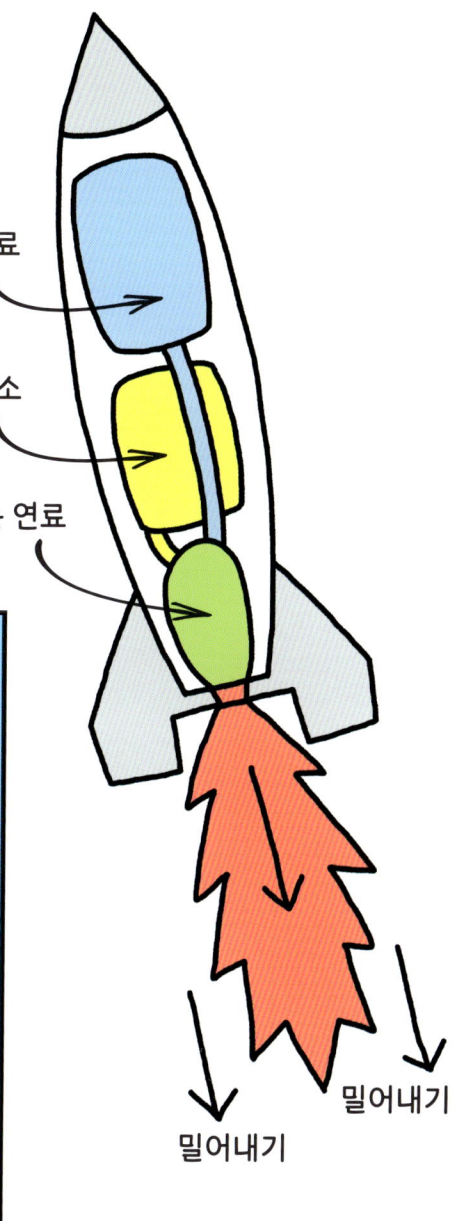

* 러시아어로 안녕.

세르게이 코롤료프

세르게이 코롤료프(1907-1966)는 소련의 로켓 과학자였어요.
스푸트니크, 라이카, 유리 가가린을 우주로 보낸 로켓을 개발하는 데 기여한 사람이지요.
1938년 코롤료프는 로켓 개발을 하던 중에 체포되어 사형 선고를 받았어요.
이윽고 풀려나서 로켓 개발에 참여했지만, 명예가 완전히 회복된 것은
거의 20년이 지난 뒤였어요.

2차 우주 경쟁
미국의 달 착륙

1962년 중반에 소련은 우주 경쟁에서 거의 이긴 상태였어요.
다급해진 미국은 엄청난 걸 준비하기 시작했어요.

머큐리와 제미니

아폴로 계획 이전에 미국은 머큐리 계획과 제미니 계획을 세우고 있었어요.
이런 계획을 수행하면서 과학자와 천문학자들은 달에 가는 데 필요한 게 무엇인지
알아낼 수 있었죠. 머큐리호 우주 비행사 존 글렌(1921-2016)은 지구 궤도를 돌았고,
제미니호 우주 비행사들은 우주에서 2주 동안 지내면서 최초로 우주 유영도 했어요.
또 미국은 무인 탐사선으로 달 궤도를 돌고 달에 착륙도 했지요.
달 표면의 사진도 찍어서 어디에 내리면 좋을지도 파악했고요.

하지만 1968년.

아폴로 8호가 달 궤도를 돈 뒤에 무사히 돌아왔어요.

까다로운 임무

우주 경쟁 때문에 우주 비행사와 과학자들은 위험한 일도 해야 했어요. 사고로 죽는 사람들도 있었죠. 그중 1965년 소련 보스호트 2호가 겪은 일은 가장 까다로운 임무에 속해요.

- 알렉세이 레오노프는 세계 최초로 우주 유영을 했어요. 그런데 우주복이 너무 부풀어 오르는 바람에 우주선으로 다시 들어갈 수가 없었어요. 간신히 공기를 빼고서야 겨우 들어갔지요. 하마터면 우주에서 목숨을 잃을 뻔한 거예요.

- 지구로 돌아올 때 우주 비행사들은 착륙 예정 지점에서 거의 400km 떨어진 곳에 떨어졌어요. 얼어붙은 아주 추운 숲이었지요. 우주 비행사들은 착륙 캡슐 안에서 덜덜 떨면서 밤을 보낸 뒤에야 구조되었어요.

그리고 마침내 1969년, 아폴로 11호가 달에 착륙했어요.

우주는 너무 좁아
우주에서 생활하기

1923년('우주 정거장'을 만든다는 생각을 처음 떠올린 해) 이래로 사람들은 우주에서 살면 어떨지 궁금해하곤 했어요.

우주 고양이?

우주로 간 고양이는 딱 하나뿐이에요. 바로 펠리세트지요. 1963년 프랑스가 발사한 로켓에 탄 고양이 펠리세트는 13분 동안 우주를 비행했어요. 우주로 간 동물 대부분은 살아남지 못했지만, 다행히 펠리세트가 탄 우주선은 무사히 돌아왔어요.

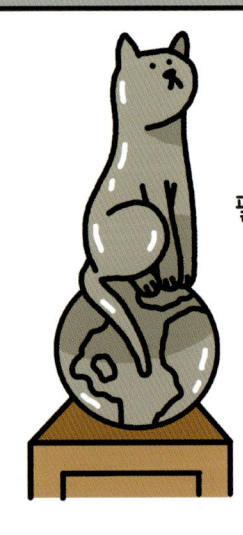

프랑스 국제 우주 대학교에 펠리세트의 동상이 있어요.

국제 우주 정거장(ISS)은 지금까지 만들어진 우주 정거장 중 가장 커요. 2000년부터 사용되었지요.

이후에 중국은 텐궁이라는 자체 우주 정거장을 건설했어요.

스카이랩의 추락

1978년 스카이랩은 서서히 지구로 떨어지기 시작했어요. 1979년 7월쯤에 추락할 것으로 예상했지만, 어디에 떨어질지는 불확실했어요. 미국은 스카이랩이 인도양에 떨어지도록 스카이랩에 설치된 로켓을 조작했어요. 하지만 일부 조각은 육지에 떨어졌어요. 오스트레일리아 서부에요. 다행히 아무도 다치지 않았어요.

두 거미의 놀라운 모험
무중력 실험

ISS 같은 커다란 우주 정거장이라도 반려동물이 탈 공간은 없을 거라고 생각하나요?
글쎄요. 꼭 그렇지는 않아요.

2011년 5월.
"난 글래디스야."
"나는 에스메랄다."
두 거미 우주 비행사가 우주로 갈 준비를 해요.

ISS에서 45일 동안 지내면서 실험을 하기 위해서지요.
거미가 중력이 없는 곳에서도 거미집을 지을 수 있을까요?

지구에서는 중력의 도움을 받아요.
"여기로 조금 올라간 다음, 다시 내려오면 돼."

무중력

ISS에서는 누구도 중력을 못 느껴요. 이런 상태를 무중력이라고 하지요. 무중력은 두 힘이 서로를 없애기 때문에 발생해요. 두 힘 중 한쪽은 지구의 중력이고 다른 한쪽은 우주 정거장이 지구에서 멀어지려는 속도예요. 두 힘이 균형을 이루기 때문에 우주 정거장에서는 양쪽 힘을 느끼지 못하는 거예요.

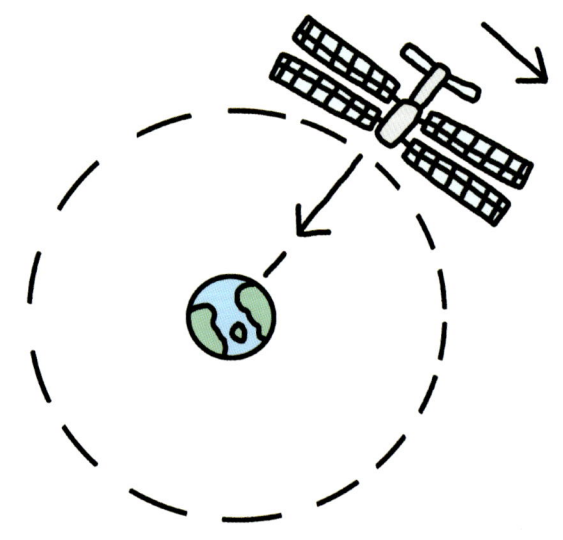

ISS 실험

우주 비행사들은 매일 이런저런 실험을 해요.
우리가 우주를 더 잘 이해하도록 돕기 위해서요.

- 물 정화(ISS에서는 93%의 물을 재활용해요)
- 근육 약화와 뼈 손실을 막을 방법 연구
- 무중력 상태에서 식물 기르기
- 지구의 땅, 물, 공기, 식물에 일어나는 변화 관측

운동을 하지 않으면, 우주 비행사의 다리는 아주 가늘어질 거예요.

우주의 쌍둥이

2015-2016년 스콧 켈리(1964-)는 ISS에서 거의 1년을 보냈어요. 일란성 쌍둥이이자 같은 우주 비행사인 마크 켈리는 지구에 있었고요. 과학자들은 두 사람을 조사해서 우주에 있을 때와 지구에 있을 때 몸에 어떤 변화가 나타나는지 살펴볼 수 있었어요.

음식물의 탈출
국제 우주 정거장(ISS)

우주에서는 음식을 먹기가 쉽지 않아요. 조심하지 않으면 음식물이 둥둥 떠서 멀어지거든요. 한참 뒤에 이상한 곳에서 발견될 수도 있고요.

국제 우주 정거장의 이모저모

- ISS를 만드는 데 1,500억 달러가 넘게 들었어요. 세상에서 가장 비싼 구조물이지요.
- 42번 비행해서 부품을 우주로 가져갔어요.
- ISS는 시속 29,000km로 날아요. 그리고 24시간마다 지구를 16번 돌지요.
- 지구에서 반짝이는 ISS의 태양 전지판이 보일 때도 있어요.

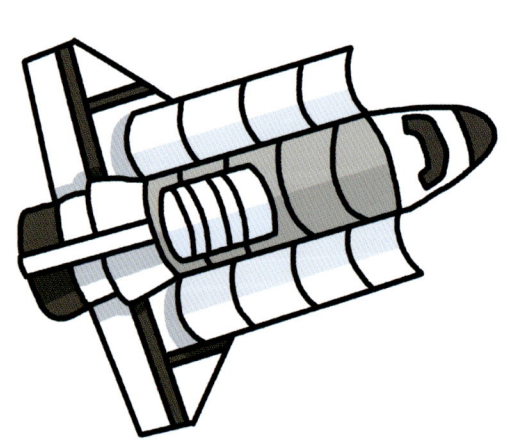

ISS 부품 대부분은 우주 왕복선으로 운송되었어요.

ISS는 얼마나 클까?

국제 우주 정거장은 방 여섯 개짜리 집보다 커요. 길이는 축구 경기장만 해요. 폭은 훨씬 좁지만요.
대부분의 공간은 여러 용도로 쓰여요. 침실은 여섯 개고 화장실은 두 개예요. 운동실도 한 개 있고요.

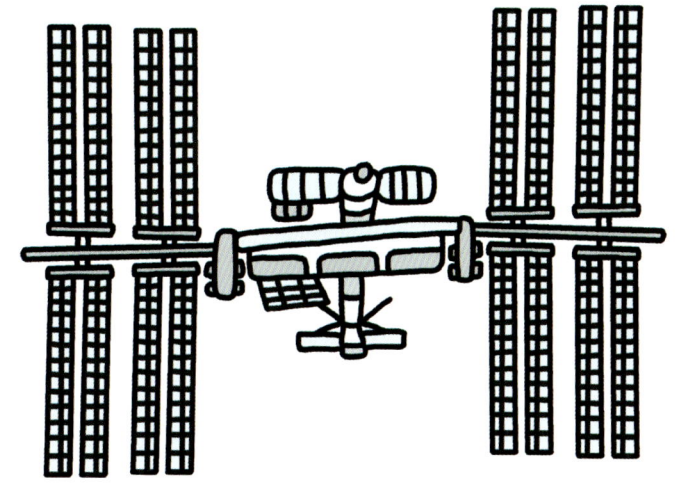

ISS는 미국, 러시아, 캐나다, 일본, 유럽 우주국이 만들었어요.

침낭에 샐러드가 들어가 있으면 기분이 나쁘겠죠.	실험실에 남은 음식은 실험을 망칠 수도 있어요.	운동실의 잼은 운동을 방해할 수 있죠.
이게 뭐야? 잠을 방해하는 샐러드	이게 여기에 있으면 안 되는데…	내가 좋아하는 체리잼이다! 아닐 수도 있고요.

ISS에 물품 보내기

오늘날 ISS와 지구 사이에는 우주선이 여러 번 오가요. 승무원들은 대개 러시아의 소유스 우주선을 타요. 이 우주선에는 비상 탈출선도 있어요. 물품은 러시아, 일본, 미국의 무인 우주선에 싣고요.

ISS로 물품을 운반하는 미국의 우주선 시그너스호

무중력 상태에서 똥 싸기
우주의 화장실

지구에서 중력은 대개 우리 친구예요.* 화장실에서 우리가 싼 것이 그 자리에 그대로 있도록 돕지요. 중력이 없으면? 우리 배설물은 공중에 둥둥 떠다닐 거예요.

* 자전거, 암벽, 스케이트보드에서 떨어질 때는 빼고요.

우주 물

ISS에서 마시는 물은 학교에서 마시는 물과 좀 달라요. 오줌을 모아 두었다가 정화해서 마시거든요. 그러니까 마시고 싸고 저장한 다음, 재활용하는 거죠.

탈출한 똥 수수께끼

아폴로 10호에서 똥 덩어리 몇 개가 탈출해서 선실을 떠다녔어요.
세 우주 비행사는 똥을 보면서 농담을 했지요.
"저거 어디에서 온 거야?"
"빨리 휴지 줘. 똥이 떠다니고 있어."
"난 몰라. 내가 싼 거 아냐."
"나도 아니야."
"내 응가는 좀 더 찐득했어. 빨리 네가 치워."

| 그리고 화장실에 자리를 잡아요. | 볼일이 끝나면 똥 봉지를 쓰레기통에 넣어요. | 똥은 밀봉한 뒤 밖으로 내보내요. 그러면 똥은 지구로 떨어지면서 불타서 사라져요. |

"고개 좀 돌려 줄래?"
얼굴 빨개짐

새 봉지
다음 사람을 위해 새 봉지를 준비하고요.

"앗! 별똥별이다."
"별'똥'별이긴 하지."

과거의 똥 처리법

옛날 우주선에는 첨단 배설물 처리 시설이 없었어요. 대신 아폴로호의 우주 비행사들은 '대변 담는 장치'를 받았어요. 사실 그건 비닐봉지나 다름없었지요. 우주 비행사들은 그 안에 똥을 싼 뒤 잘 막아서 처리했어요.

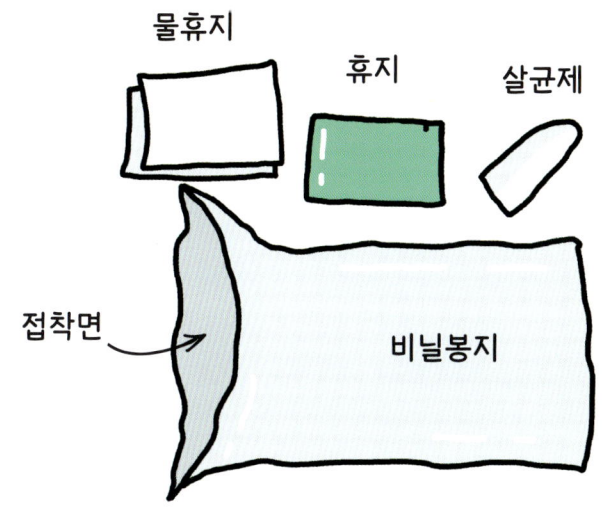

낱말 풀이

공전 한 천체가 다른 천체의 둘레를 주기적으로 도는 일.

궤도 한 천체가 다른 천체 주위를 도는 길.

다이아몬드 투명한 천연 광물로, 매우 단단하며 아름답게 빛나는 보석.

대기 지구를 비롯한 행성을 감싼 기체층.

무중력 중력의 효과를 전혀 느끼지 못하는 상태.

물질 주로 고체(바위처럼 단단한 것)나 액체(물), 또는 기체(공기)로 존재하는 것들.

반사 오는 빛을 튕겨 내는 것.

반지름 원의 중심에서 가장자리까지 뻗은 직선의 길이.

방출 에너지를 내보냄.

북반구 적도를 경계로 지구를 둘로 나누었을 때의 북쪽 부분.

붕괴 부서져서 조각나는 것.

소련 유럽 동부와 아시아 북부에 있었던 국가. 옛 제정 러시아의 대부분과 우크라이나를 비롯한 15개 공화국으로 이루어진 다민족 국가였다.

소행성 태양 궤도를 도는 암석으로 이루어진 작은 천체. 태양계에 수백만 개가 있다.

실험 어떤 개념이나 이론이 옳은지 알아보기 위해서 과학적으로 검사하는 것.

액체 모양은 변하지만 크기는 변하지 않는 물질 상태.

열대 지구에서 태양의 열기가 가장 극심한 지대. 적도 양쪽에 있다.

온실가스 행성의 대기에서 열이 우주로 빠져나가지 못하게 막는 기체.

우방국 서로 좋은 관계를 맺고 있는 나라.

원자 화학 물질의 가장 작은 구성 단위.

위성 천체 주위의 궤도를 도는 것. 달처럼 자연적인 위성도 있고, 통신 위성 같은 인공위성도 있다.

융합 다른 종류의 것이 녹아서 서로 구별이 없게 하나로 합해지는 것.

은하 대개 블랙홀 주위로 모여 있는 별들의 집합.

일식 달이 태양을 가리는 현상.

자기 일부 금속 물체가 느끼는 밀거나 당기는 성질.

자외선 사람의 눈으로 볼 수 있는 빛의 한 종류. 사람의 눈과 피부에 해로울 수 있다.

자전 천체가 스스로 고정된 축을 중심으로 회전하는 것.

적도 지구에서 태양에 가장 가까운 곳을 한 줄로 이은 선.

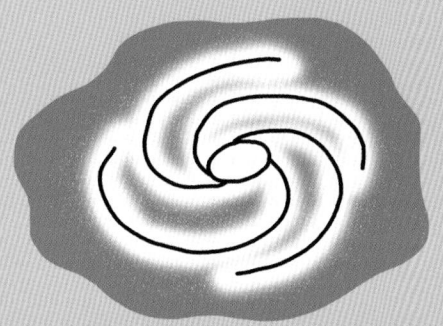

정화 위험한 성분이나 불순물을 제거하는 과정.

종교 재판소 중세 때 로마 가톨릭 교회가 운영한 기관. 1478년부터 아주 강력한 기관이 되어서 종교의 가르침에 어긋나는 이단자를 찾아서 처벌하는 일을 했다.

중력 물체가 가진 질량으로 인해 생기는 끌어당기는 힘. 질량이 큰 물체일수록 중력도 크다.

지각판 지구의 맨 바깥층을 이루는 암석으로 된 단단한 층.

지진 해일 지진이나 바닷속 산사태로 생기는 커다란 물결.

GPS(지피에스) 지구 위치 측정 체계(Global Positioning System)의 줄임말. 지구에서 자신이 어디에 있는지 위치를 알려 준다.

질량 안에 든 물질의 양.

천문대 우주를 관측하는 데 쓰이는 건물이나 방. 대개 성능 좋은 망원경이 있다.

천문학자 우주와 천체를 연구하는 과학자.

천체 우주에 있는 물체로, 눈으로 직접 보거나 다른 방법을 써서 관측할 수 있는 것.

크레이터 행성의 표면에 보이는, 움푹 파인 큰 구덩이 모양의 지형. 화산 활동이나 운석의 충돌에 의하여 생긴 것이다.

타원 달걀 모양.

태양계 별과 그 주위를 도는 행성들, 그리고 다른 천체들로 이루어진 전체.

평균 가장 흔하거나 전형적인 것.

행성 별 주위의 궤도를 도는 천체.

혜성 얼음과 먼지로 이루어진 천체. 태양을 향해 갈 때 긴 꼬리가 생긴다.

화석 연료 오래전에 죽은 동식물의 잔해로, 태워서 에너지를 생산할 수 있다. 석유, 석탄, 천연가스가 대표적이다.

힘 물체를 움직이거나 멈춰서 변화를 일으키는 능력.

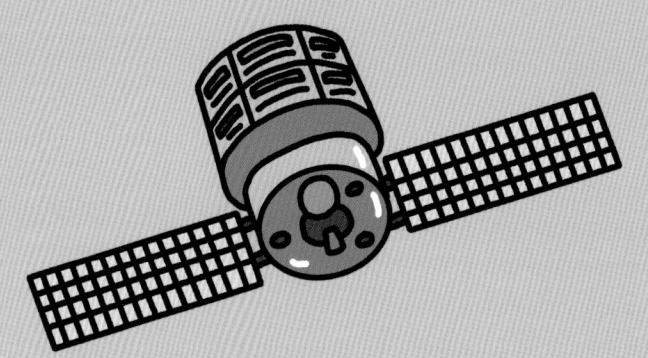

찾아보기

ㄱ
거미 56-57
계절 26-27
공룡 24-25, 49
관성 8
광년 29, 46
금성 4, 25, 28-29, 31

ㄴ
나무늘보 26-27
남극 27
냉전 50

ㄷ
다이아몬드 49
달 16-20, 22, 25, 28, 30, 32-33, 38, 43, 48, 52-53
  달 착륙 52-53
  위상 17
  일식 18-19
  중력 17, 25

ㅁ
망원경 7, 21-23, 39
명왕성 37
목성 5, 22, 25, 31-32, 34-35

ㅂ
베네시아 버니 37
별 5, 10-11, 19-20, 36, 38-45
  별의 죽음 41-43, 45
  별 형성 40-41
  태양 ('태양' 항목 참조)
북극 27
북극토끼 26-27
블랙홀 42-45
  궁수자리 A 44
빅뱅 38-39

ㅅ
산맥 15
세르게이 코롤료프 51
소행성 33, 49
수성 5, 25, 28-29, 31
시간 재기 24-25, 38

ㅇ
아이작 뉴턴 7
열대 26-27
온실가스 13
우주 4-13, 21, 28-29, 33, 38-41, 46-47, 50-61
  빅뱅 ('빅뱅' 항목 참조)
  형성 38-39
우주 경쟁 50-53
우주 계획
  머큐리 52
  아폴로 52-53, 61
  제미니 52
우주 로켓 8-9, 51, 54-55
우주 비행사 51-61
  닐 암스트롱 53
  마크 켈리 57
  스콧 켈리 57
  알렉세이 레오노프 53
  유리 가가린 51-52
  존 글렌 52
우주 쓰레기 9
우주 정거장 6, 54-60
  국제 우주 정거장(ISS) 55-61
  살류트 1호 54
  스카이랩 54-55
  톈궁 55
우주 탐사 50-61
은하 5, 11, 39-40, 44-47
  안드로메다은하 47
  은하의 종류 46-47
  은하 형성 45
은하수 5, 11, 39, 44-45, 47
인공위성 8-9, 50

ㅈ
자기 4, 11, 35
적도 27
종교 재판소 23
중력 4, 6-9, 16-17, 22, 25, 36, 38-48, 55-60
지각판 15
지구 4, 6-9, 12-35, 43, 48-60
  계절 26-27
  밀물과 썰물 17, 25
  일식 18-19
  자기력 4
  중력 4, 6-9, 22, 56, 60
  지구 형성 16-17, 48
  충돌 사건 48-49
  하루의 길이 24-25
질량 7, 44-45

ㅊ
천문학자 19-23, 36-37, 39, 48, 52
  갈릴레오 갈릴레이 21-23
  니콜라우스 코페르니쿠스 21
  석신 19
  아리스토텔레스 20
  알하젠 20
  요하네스 케플러 21
  조르주 르메트르 39
  클라이드 톰보 37
  프톨레마이오스 20-21
천왕성 4, 25, 31, 34-35

ㅌ
태양(해) 4-5, 10-13, 17-21, 23-35, 40, 43-44
  구조 10-11
  일식 18-19
  자기력 11
태양계 4-5, 10-11, 20-25, 28-37, 48
태양 광선 12-13
테이아 16-17
토성 5, 25, 31-35

ㅎ
해왕성 4, 25, 31, 34-36
핵융합 10
행성 4-5, 7, 16, 21, 25, 28-38, 43, 45
  기체형 행성 31, 35
  암석형 행성 31
  왜소행성 36-37
혜성 7, 22, 33, 40
화산 15, 31
화성 4, 25, 30-32

안녕!